国家社会科学基金项目（12BJY132）
教育部本科教学工程"财政学专业综合改革试点"
项目（ZG0340）资助

财政分权下的地方政府投资绩效问题研究

殷 强 著

中国财经出版传媒集团
中国财政经济出版社

图书在版编目（CIP）数据

财政分权下的地方政府投资绩效问题研究／殷强著．—北京：中国财政经济出版社，2019.7

ISBN 978-7-5095-9083-6

Ⅰ.①财… Ⅱ.①殷… Ⅲ.①地方政府-政府投资-投资效果-研究-中国 Ⅳ.①F832.48

中国版本图书馆 CIP 数据核字（2019）第 126486 号

责任编辑：彭　波　　　　　责任校对：张　凡
封面设计：卜建辰

中国财政经济出版社 出版

URL：http://www.cfeph.cn
E-mail：cfeph@cfemg.cn

（版权所有　翻印必究）

社址：北京市海淀区阜成路甲 28 号　邮政编码：100142
营销中心电话：010-88191537
北京财经印刷厂印装　各地新华书店经销
710×1000 毫米　16 开　14.5 印张　210 000 字
2019 年 7 月第 1 版　2019 年 7 月北京第 1 次印刷
定价：68.00 元
ISBN 978-7-5095-9083-6
（图书出现印装问题，本社负责调换）
本社质量投诉电话：010-88190744
打击盗版举报热线：010-88191661　QQ：2242791300

前　　言

2008~2010年，我国政府安排"4万亿投资"应对国际金融危机，其中，中央预算内安排1.18万亿元，其余2.82万亿元来自地方财政。可见，地方政府承担了很大的投资责任，政府投资规模也迅速增大。2014年以后，我国开始大范围推广政府与社会资本合作（PPP）项目，地方政府投资规模进一步扩张。在地方政府投资规模不断扩张的同时，地方财力却在收缩。2012年我国开始"营改增"改革，到2016年5月营业税全面改征增值税，失去主体税种的地方政府面临越来越严重的"收支困难"。由此可见，财政分权一方面赋予地方政府更大的自主权，使其有投资的主观意愿；另一方面地方政府财政能力却在缩减，地方政府投资的财力不足，在此背景下，加强提高地方政府投资效率的绩效管理就非常重要。2018年9月，中共中央国务院发布《关于全面实施预算绩效管理的意见》，提出"力争用3~5年时间基本建成全方位、全过程、全覆盖的预算绩效管理体系"，其中全方位和全覆盖管理就涵盖了对地方政府投资的全面绩效管理。因此，在"中国式财政分权"背景下，研究地方政府投资绩效问题更有现实意义。

本书首先基于结果导向和过程导向两个角度对地方政府

投资绩效进行了明确的界定。因为受户籍限制、缺乏多重目标兼容的激励机制以及财政分权制度设计等因素影响，西方财政分权理论是否符合中国国情仍属未知，"中国式财政分权"能否提升地方政府投资绩效尚待检验。在此理论基础上，本书系统梳理了中国地方政府投资绩效管理的历史演进，包括政府投资概念、地方政府投资体制、地方政府投资模式以及地方政府投资绩效管理制度的发展演变轨迹。然后分别从宏观测度和微观博弈两个方面重点分析了财政分权与地方政府投资绩效之间的关系，包含如下重点内容：

测算了地方政府的投资规模和投资效率。分别采用逐项累加法和预算内财政固定资产投资占区域固定资产投资总额比重的方法对地方政府投资规模进行了测算。在此基础之上，基于DEA数据方法，从投入—产出视角综合测度了2007~2016年中国31个省区市的地方政府投资效率，并运用空间可视化方法展现了中国地方政府投资和地方政府投资效率的空间分异特征。

实证检验了财政分权对地方政府投资结果（"绩"）和过程（"效"）的影响。使用全国省级平衡面板数据实证研究了财政分权与地方政府投资绩效之间的关系，对于结果导向的"绩"使用地方政府投资规模表示，对于过程导向的"效"使用DEA方法测算得到的地方政府投资技术效率表示。为保证研究结果的可靠性和稳健性，本书分别使用了预算内资金来源的固定资产投资和逐项累加法计算得到地方政府投资两种地方政府投资规模指标，并使用了多种财政收支分权指标。

从微观角度分析了地方政府相关利益主体之间的投资博

前言

弈关系。本书分别从部门内部（中央和地方政府之间），部门外部（社会公众与立法机构、立法机构与政府部门、财政部门与财政资金使用部门、政府部门与私人部门之间）展开地方政府投资相关利益主体的委托代理博弈分析，同时还探讨了地方政府之间的投资博弈关系，是对相关利益主体博弈关系的全面系统呈现，有利于更好地理解其背后复杂的作用机制，深化了对地方政府投资行为的认知。

基于地方政府投资绩效的宏观测度和微观博弈分析，本书研究发现，财政分权虽促进了地方政府投资，但对投资效率的提升效应却不显著，从分层区间来看，我国地方政府投资效率整体偏低。中国的财政分权实践与西方理论意义上的分权存有一定的差异，本书的研究发现有助于更好地理解"中国式财政分权"，深入讨论制约地方政府投资绩效提升的原因。本书认为地方政府投资绩效的提高应合理划分中央和地方投资支出责任，优化地方官员政绩考核机制，同时改革投资绩效评价制度，规范政府投资模式以及强化财政资金监督。本书的政策建议不仅为加强我国政府投资绩效管理提供了参考，对于寻找在我国推广绩效预算改革的突破口也具有重要的应用价值。

由于作者的能力有限，本书的研究还存在许多不足，恳请同行专家批评指正，以便作者做出进一步的补充研究。

作者

2019年1月

目 录

第1章 绪论 …………………………………………………………… 1

   1.1 研究背景与意义 …………………………………………… 3

   1.2 概念界定 …………………………………………………… 6

   1.3 文献综述 …………………………………………………… 12

   1.4 研究思路、研究内容与技术路线 ………………………… 20

   1.5 研究方法 …………………………………………………… 25

   1.6 本书的创新点与不足之处 ………………………………… 26

第2章 财政分权下地方政府投资的理论基础 ……………………… 29

   2.1 地方公共产品理论 ………………………………………… 31

   2.2 财政分权对地方政府投资影响效应的理论基础 ………… 35

   2.3 "中国式"财政分权的特点 ……………………………… 43

   2.4 小结 ………………………………………………………… 48

第3章 中国地方政府投资及绩效管理的历史演进 ………………… 51

   3.1 中国地方政府投资的历史演进 …………………………… 53

   3.2 中国地方政府投资绩效管理的制度演进 ………………… 71

   3.3 小结 ………………………………………………………… 82

第4章 中国地方政府投资规模的估算 ………………… 85

4.1 中国地方政府投资的制度基础与现实背景 ………… 87
4.2 对地方政府投资规模估算的两种方法 ……………… 90
4.3 基于预算内固定资产投资的地方政府投资规模的
    空间分析 …………………………………………… 91
4.4 基于逐项累加法计算的地方政府投资规模的基本
    分析 ………………………………………………… 93
4.5 小结 ………………………………………………… 95

第5章 中国地方政府投资效率的测算 ………………… 97

5.1 地方政府投资效率的测算方法 ……………………… 100
5.2 时空维度下地方政府投资效率的区域比较 ………… 107
5.3 Malmquist 指数分析 ………………………………… 111
5.4 小结 ………………………………………………… 116

第6章 财政分权影响地方政府投资绩效的实证检验 …… 119

6.1 理论分析与研究假设 ………………………………… 121
6.2 实证模型、变量与数据来源 ………………………… 125
6.3 财政分权影响地方政府投资规模的实证分析 ……… 134
6.4 财政分权影响地方政府投资技术效率的实证分析 … 143
6.5 小结 ………………………………………………… 148

第7章 地方政府投资绩效管理中相关主体的博弈分析 … 151

7.1 中央政府和地方政府投资的博弈分析 ……………… 154
7.2 地方政府之间的投资博弈分析 ……………………… 164
7.3 地方政府投资中其他相关利益主体的投资博弈分析 … 170
7.4 小结 ………………………………………………… 177

目 录

第8章　提高地方政府投资绩效的政策建议 …………………… 179
　　8.1　主要结论 …………………………………………… 181
　　8.2　政策建议 …………………………………………… 183

参考文献 ………………………………………………………… 208
后记 ……………………………………………………………… 221

财政分权下的
地方政府投资绩效
问题研究

Chapter 1

第1章 绪 论

第 1 章 绪 论

1.1 研究背景与意义

1.1.1 研究背景

2013 年 11 月,党的十八届三中全会通过的《中共中央关于全面深化改革若干重大问题的决定》提出建立事权与支出责任相适应的制度,适度加强中央事权和支出责任,逐步理顺事权关系。党的十九大报告提出:"加快建立现代财政制度,建立权责清晰、财力协调、区域均衡的中央和地方财政关系。"中央已明确目标,要逐渐改变分税制后形成的中央和地方财权与事权不对等的状况,完善中央和地方间的财政关系。

1994 年,我国进行了财政分权的分税制财政体制改革,将财权与事权在中央和地方间进行了划分,中央财力得到了增强。地方财力减少了,但支出责任却在不断增加。1994 年中央支出占全部财政支出的比重是 30.29%,到 2017 年下降到 14.69%;地方的财政支出比重则从 69.71% 增加到 85.31%。财政分权使地方政府有了更大的自主权,为了政绩,地方政府也有投资的主观意愿,另外,因财力不足,地方政府投资的负担又显得较为沉重。到底哪些应该由地方投资,哪些应该由中央投资?"建立权责清晰、财力协调、区域均衡的中央和地方财政关系"首先应该合理划分中央和地方的事权,在此背景下,有必要在研究财政分权的基础上,研究地方政府投资的合理范围。

党的十四大要求理清政府与市场的关系,政府直接投资应该退出竞争性领域。1998 年的"抓大放小"政策使除关系国民经济命脉的大型国有企业由国家集中管理外,小型国有企业逐渐转向市场化经营。地方政府投资也就明确为以基础性和公益性项目投资为主。2008

年，为了应对美国次贷危机的冲击，我国安排了"4万亿元"政府投资来拉动经济增长，其中，中央预算内安排1.18万亿元，其余2.82万亿元由地方财政安排。地方政府的投资责任加大，投资规模也迅速扩张。2014年以后，我国政府大范围推行政府与社会资本合作（PPP）项目，地方政府投资的规模进一步扩张。根据财政部PPP中心发布的数据，截至2017年12月末，全国PPP综合信息平台项目库共收录PPP项目14424个，总投资额18.2万亿元，其中已落地（即签约进入执行阶段）项目2729个，投资额4.6万亿元[①]。投资范围主要是地方政府承担的市政工程、交通运输和生态环境等。大规模的地方政府投资给社会公众带来更多、更便利的公共产品的同时，也带来了社会公众对地方政府投资绩效问题的关注。研究地方政府投资的绩效问题也有助于提高地方政府投资管理能力。

绩效管理源于20世纪80年代西方国家的"新公共管理运动"，新公共管理主张采用私人部门管理的理论，强调以绩效为基础的管理，建立以顾客为中心的政府，任命以政府产出责任为己任的官员，引入市场竞争手段提高供给公共产品的效率。1993年，美国通过《政府绩效与结果法》，正式实施以顾客为导向、以结果为导向的绩效管理。我国一直很重视政府投资的绩效问题，只是绩效概念一直在演化，新中国成立初期管理的重点是投资的经济（节约）性，改革开放后开始重视效率（效益）性，直到21世纪初，才开始研究重视以效率为核心的绩效管理。党的十九大报告要求对政府预算"全面实施绩效管理"。地方政府投资的绩效管理的核心是对于投资项目的绩效评价。2005年以后，我国大范围地开展了绩效评价的试点工作，取得了一定的成效，但在实践中也存在着责任主体不明确、评价指标体系不健全、评价结果缺乏约束力等问题。为了提高地方政府投资效率，有必要加强对地方政府投资绩效管理问题的研究。

---

① 财政部PPP中心."中国PPP大数据"之全国PPP综合信息平台项目管理库2017年报.中国经济周刊，2018（5）.

1.1.2 研究意义

（1）理论上，通过运用财政分权理论对地方政府投资绩效的研究，有助于加深对"中国式财政分权"的认识。

在西方财政分权理论中，因为地方政府更了解居民需求偏好，分权能够促进地方公共产品的有效供给。但受户籍限制、缺乏多重目标兼容的激励机制以及财政分权制度设计等因素影响，西方财政分权理论是否符合中国国情仍属未知，"中国式财政分权"能否提升地方政府投资绩效尚待检验。本书测算了中国地方政府投资效率，并实证研究了财政分权与地方政府投资绩效的关系，发现财政分权虽促进了中国地方政府投资，但对投资效率的提升效应并不显著，从分层区间来看，我国地方政府投资效率整体偏低。可见，中国的财政分权实践与西方理论意义上的分权存有一定的差异，本书的研究发现有助于更好地理解"中国式财政分权"。

（2）实践上，为加强政府投资绩效管理提供了参考，有利于寻找在我国推广绩效预算改革的突破口。

本书研究认为制约地方政府投资绩效提升的原因主要在于中央和地方财力事权的不对称以及官员晋升考核机制的不完善。对此，提高地方政府投资绩效应合理划分中央和地方投资支出责任，优化地方官员政绩考核机制，同时改革投资绩效评价制度，规范政府投资模式以及强化财政资金监督。在具体的政策措施上，本书提出了一些创新性的见解，如在预算种类中增加"政府投资预算"，以专门的预算约束政府投资，加强绩效管理；将审计部门划归人大常委会，加强人大对财政开展绩效评价的能力等。本书的政策建议不仅为加强我国政府投资绩效管理提供了参考，对于寻找在我国推广绩效预算改革的突破口也具有重要的应用价值。

1.2　概念界定

1.2.1　投资

（1）西方经济学对投资的一般解释。

"资本—投资—资本"是投资的运动过程，存量资本会选择投资方向进行资本再投入，资本的投入是为了形成更多资本。所以投资其实是资本的形成过程，是流量（增量）形式的资本。

西方经济学者对投资的认识也经历了一个发展的过程。

古典经济学家并未明确区分投资和资本，而是将流量和存量的资本统统都作为资本来研究。法国人魁奈（Quesnay）最早描述投资的概念，将资本表述为"原预付"，将投资表述为"年预付"，对简单再生产和流通过程作了最初的描述。最早比较系统地分析资本作用的是古典经济学创始人亚当·斯密（Adam Smith）。在《国民财富的性质和原因的研究》中，亚当·斯密认为扩大资本积累的规模和增加从事生产劳动的人数有利于提高劳动生产率，"不论哪种方式（使一国土地和劳动的年产物增加价值），增加资本几乎总是必要的。""任何人把其资本的一部分作为资本进行投资，总是指望能回收并附有利润。"亚当·斯密的资本积累理论揭示了国民财富增长与发展的运行机制，为系统研究投资与经济增长的关系奠定了理论基础。

1936年，凯恩斯（Keynes）发表的《就业、利息和货币通论》提出了投资乘数理论，使经济学家更注意对投资的研究，也逐渐明确了对投资的定义。凯恩斯定义现行投资（current investment）为"必定是现行生产活动对资本设备造成的递增的价值。这显然等于……储蓄。"

美国经济学家萨缪尔森综合了经济学界对投资的认识，定义投资为"指一年内一国的建筑物、设备及库存等资本存货的增加部分。意味着牺牲当前消费以增加未来消费。"萨缪尔森指出在一般用法上，投资通常是指诸如购买某公司的股票，经济学家将其称为金融投资。可见，当代西方经济学家对投资的理解包括实际投资和金融投资，宏观经济学领域的研究主要是实际投资，而对所谓"投资学"的研究则是研究金融投资。

经过由古典经济学到现代经济学的发展，西方经济学者对投资的理解也逐渐由资本、资本积累到研究投资行为。现代西方经济学研究的投资包括实际（实物）投资和金融投资。

（2）我国经济建设实践中对投资的认识。

我国对投资的概念也经历了一个变化的过程。经历了计划经济时期的基本建设投资、改革开放后的固定资产投资和投资主体多元化的现代投资三个阶段。

计划经济时代，由于借鉴苏联模式，我国对投资概念的理解也完全接受苏联的理念。苏联的一些经济学家把固定资产投资建设问题都归入《基本建设经济学》和《基本建设投资拨款与信贷学》的研究之中，基本建设的概念就是投资的概念。我国20世纪50年代定义"凡固定资产扩大再生产的新建、改建、恢复工程及与之连带的工作为基本建设"。所以基本建设就是固定资产扩大再生产，并要求一切基本建设都要列入基本建设年度计划，由财政拨款实施建设。计划经济时期的投资就是指基本建设投资。

改革开放以后，我国进行了经济体制改革，核心就是投资体制改革。1982年起，国家决定编制统一的固定资产投资计划，对投资的认识也转变到固定资产投资的思路，固定资产投资是指投资者为实现其预期的投资目标而将其资金运用于固定资产的购置、安装、建造的行为或其所运用的资金。全社会固定资产投资计划包括全民所有制单位、集体所有制单位和个人固定资产投资三部分。

20世纪90年代，在我国投资实践中初步形成了投资主体多元化、资金来源多渠道、投资方式多样化、项目建设市场化的格局。同期，我国建立上海和深圳两家证券交易所，金融二级市场开始发展，金融投资启动。钟成勋（1989）认为投资概念是一个历史的范畴，发展到现在，可以定义投资为"垫支货币或其他资源以获得价值增值手段或长期使用价值的经济活动过程"，可以将股票债券等金融资产投资也包括在内。本书定义投资为：投资者将其资金投入某种可能增值的领域，增加资本或资本存量，以期获得将来的预期收益的经济行为。这一概念包括投资主体、投资目的、投资客体及投资结果等四要素，反映了投资活动中的各种经济关系（殷强，2008）。

1.2.2　地方政府投资

（1）政府投资。

政府投资是中央和地方各级政府直接作为投资主体，为了满足社会公共需要，使用财政性资金，进行投资的行为。政府为什么应该投资的逻辑起点在计划经济和市场经济中的解释是不同的。计划经济的逻辑起点是资源是有限的，计划管理能够有效、合理地利用资源，避免浪费，而只有政府有能力实现全面的计划管理。所以政府占有所有社会资源，并承担起有计划地合理利用资源以促进社会发展的责任。在计划经济中，政府是基本的投资主体，负责所有促进社会发展的各种投资。市场经济中政府投资的逻辑起点是公共产品。西方经济学认为市场能够自动地有效配置资源，但市场存在"失灵"的领域，政府可以也只应该在市场"失灵"的领域发挥作用。公共产品是市场"失灵"的领域，因为具有受益的非排他性和消费的非竞争性，市场不会提供该类产品，但该类产品又是社会公共需要，则必须通过政府投资来供给。

我国自计划经济转型为社会主义市场经济，政府的投资也从无所不包，到退出竞争性领域，以提供市场"失灵"的公共产品为主。

我国目前的政府投资也以提供公共产品为主，但政府投资的演化过程不是西方经济学中的政府由不干预到干预的过程，而是政府投资由全领域到退出部分领域的过程。2004年，国务院颁布的《关于投资体制改革的决定》将投资领域划分为竞争性、基础性和公益性项目，明确我国政府投资"主要用于关系国家安全和市场不能有效配置资源的经济和社会领域，包括加强公益性和公共基础设施建设，保护和改善生态环境，促进欠发达地区的经济和社会发展，推进科技进步和高新技术产业化"。政府投资全面退出竞争性领域，主要投向那些投资规模大、投资周期长、回收投资慢、投资直接效益低（甚至是无收益）的基础性和公益性领域。

广义上讲，所有由政府部门做出的投资都是政府投资，既包括政府为提供公共物品直接进行的投资，也包括国有企业的投资。由于国有企业的投资多是竞争性领域的投资，本书的研究将其排除在外，本书所研究的政府投资指政府为提供公共产品而在基础性、公益性领域进行的投资行为。

（2）地方政府投资。

中国行政区划的地方政府指省以下各级地方政府，地方政府投资则是指省以下地方政府作为投资主体进行的投资行为。

地方政府投资一直是政府投资的主力军，中国历史上每次投资规模失控几乎都是对地方政府放权导致的。尤其是改革开放以后，中央对地方的"放权让利"和"分税制"财政体制改革，大大增强了地方政府投资的能力。所以地方政府投资是研究政府投资的关键。

我国地方政府普遍存在"投资饥渴症"，具有较强的投资冲动，是影响政府投资效率的重要因素。在"中国式"官员晋升机制和财政分权体制下，地方政府同时受到政治利益和经济利益的双重驱动（郭庆旺和赵旭杰，2012）。政治利益是官员晋升机制，公共选择理论认为政府官员也是追求自身利益的"理性经济人"，官员关心的主要利益是他们在政治生涯中进一步晋升的问题。我国较长时间以

GDP增长率作为考核地方政府官员政绩的主要指标，使地方政府官员更关注任期内的政绩工程，往往都是见效快的短期工程、形象工程，并且官员在晋升后常常不必对之前的投资行为负责，从而导致地方政府产生较强的投资冲动。经济利益则是地方政府承担着发展地方经济的重任，是中央赋予的任务，也是地方政府应尽的责任。为实现地方经济利益，地方政府热衷于通过政府规划实现所谓跨越式发展，积极扩大辖区的投资以迅速做大经济"蛋糕"，经济发展的同时也直接提高了官员的政绩，这些都促使地方政府积极扩大投资规模，并形成地方政府的投资竞争。

我国地方政府投资的范围不明确。明确了政府与市场的关系，就可以确定政府投资的范围。要确定地方政府投资的范围则需要明确中央与地方的事权关系。1994年"分税制"改革确定地方事权为"地方行政管理、公检法、民兵、地方统筹的基本建设、地方企业改造、支农、城市维护建设、地方文化、教育、卫生等"。所以地方政府支出责任除国防、外交外，几乎无所不包，并且很多事权与中央重叠。2016年8月，《国务院关于推进中央与地方财政事权和支出责任划分改革的指导意见》提出"逐步将社会治安、市政交通、农村公路、城乡社区事务等受益范围地域性强、信息较为复杂且主要与当地居民密切相关的基本公共服务确定为地方的财政事权"。所以地方政府投资的范围应该在受益范围地域性较强的基础性和公益性领域。

1.2.3 地方政府投资绩效

从字面意思来看，《现代汉语词典》将绩效解释为"成绩、成效"，《牛津现代高级英汉双解词典》将绩效（performance）解释为"执行，履行，表现和成绩"。从管理学层面来说，学者们对于绩效概念给出了多种不同的解释。

Bernardin和Beatty（1984）基于结果导向来定义绩效，认为绩效是在特定时间内、特定工作职能和行为上所生产的结果记录。后来有学者提出绩效是一个较为广泛的概念，既包括"结果"，也包括"过程"。Brumbach（1988）从两个角度来定义绩效，认为绩效既包括行为也包括结果。行为不仅是结果产生的工具，行为本身也是为了完成工作任务所付出的脑力和体力的结果，并且能够对其独立进行判断。在1993年美国颁布《国家绩效评估和结果法案》之前，人们更重视政府官员的工作过程是否合乎规则，1993年美国颁布的《国家绩效评估和结果法案》把政府绩效界定为政府官员对结果负责，而不仅仅是对过程负责，其目的在于把公务员从繁文缛节和过度的规则中解放出来，发挥其积极性和主动性，以使他们对结果负责，而不再仅仅对规则负责。

国内学者也对绩效的概念进行了界定。陆庆平（2003）认为绩效包括两个方面：一是项目活动所投入的资源与获得的结果之间的对比关系；二是项目投入资源的合理性和结果的有效性。实际上，他是从三个角度来定义绩效的，分别是效率、投入和结果。朱志刚（2003）主要基于结果和过程两个角度对绩效进行衡量，他认为，如果数据可得，绩效甚至应包括对活动主体主观努力程度和接受方满意度的衡量。卓越（2004）对绩效和效率的概念进行了辨析，他认为绩效应包括效率，但是比效率更为广泛。效率衡量的是项目投入产出之间的关系，具有明显的数量特征，但绩效不仅要求数量指标，而且更重视质量。质量高低主要通过公民满意度、差错率、合格率、优秀率、服务便利程度等具体指标来衡量。唐钧（2004）从两个方面对政府绩效进行了衡量，他认为政府绩效包含两个方面：一是政府的"产出"绩效，即政府在提供公共产品领域的表现；二是政府的"过程"绩效，即政府在行使职能过程中的绩效表现。马国贤（2005）认为绩效是已经实现的事业目标或事业效果，而效率是对效果的投入产出评价，并且他认为绩效的核心是效率，因为绩效评价最终要回到项目的投入和产出相比是否值得。

结合国内外学者对绩效的界定，我们可以看出，学者们一般认为绩效包含两个方面：一是行为过程，二是行为结果。部分学者认为如果数据可得，还应该包括接受方对项目的满意度。本书借鉴大多数学者的观点，认为绩效既包括行为过程又包括行为结果。从行为过程看，绩效是指某项活动投入与产出相比是否有效率，即绩效中的"效"；从行为结果看，绩效是指某项活动其投入所得到的产出以及这种产出结果对预期目标的实现程度或满足程度，即绩效中的"绩"。相应地，对绩效的评价也包括两个方面：一是效率评价；二是对项目产出及这种产出结果对预期目标的实现程度的评价。

结合绩效的含义，我们可以看出，政府投资绩效也包含两个方面：一是"绩"，即基于结果导向的绩效的衡量，我们用地方政府投资规模来表示；二是"效"，即基于过程导向的绩效的衡量，我们用地方政府投资效率来表示。地方政府投资效率以地方政府投资规模为投入指标，以地方公共产品的供给情况为产出指标。地方公共产品的供给情况包括辖区居民收入水平、基础设施建设、文化、教育、科技、卫生等领域发展情况，分别用居民人均可支配收入、人均城市道路面积、公共图书馆个数、高等教育学校每十万人口平均在校生数、人均技术市场成交额、每万人执业（助理）医师作为代理指标。

1.3 文 献 综 述

1.3.1 关于财政分权的研究综述

财政分权理论以 Tiebout 的研究为起点，经历了两个发展阶段：第一代财政分权理论和第二代财政分权理论。第一代财政分权理论以 Tiebout、Oates 和 Musgrave 等为代表，论证了地方政府存在的必要性，认为由地方政府来提供地方公共品比由中央政府来提供要优越，

第1章 绪 论

其原因主要在于地方政府具有信息优势；地方政府能够更好地实现辖区内社会成员的偏好；在辖区内社会成员"用脚投票"的背景下，地方政府之间的竞争会使得成本降低；地方政府可以绕过一些政策性障碍进行制度创新等。第二代财政分权理论以钱颖一、温格斯特等为代表，认为第一代财政分权理论是建立在地方政府的行为目标追求辖区内社会成员利益最大化的基础之上的，该理论认为第一代财政分权理论忽视了地方政府的自身利益。该理论认为地方政府也追求自身利益的最大化，只有给予他们适当的激励，使地方政府的利益与辖区内社会成员利益相一致时，地方政府才会有所作为。所以第二代财政分权理论关心的是如何设计政治和财政体制，使官员和社会成员利益相容的激励机制，从而实现社会福利的最大化。

Tiebout（1956）认为人们为了实现效用的最大化，会在全国范围内各个辖区之间进行选择，最终他们会选择那种公共产品能够满足他们偏好而税收征收又最合理的辖区来居住，这一过程就是所谓的"用脚投票"。如果社会成员能够自由流动，那么各个辖区之间在公共产品与税收组合上就会相互模仿和学习。"用脚投票"导致偏好相同的社会成员聚集在一起，使有可能以最低的成本来提供公共产品。当社会成员从公共产品供给成本较高的辖区纷纷流向公共产品供给成本较低的辖区时，辖区之间的公共产品的供给成本差距就会逐渐缩小。长此以往，就可能实现社会福利的最大化。Stigler（1957）对于设置地方政府的必要性作了一个合理性的解释。一是地方政府具有信息优势，相对于中央政府，地方政府更接近辖区内的社会成员，比中央政府更了解他们的偏好；二是当辖区内社会成员对公共产品进行投票表决时，政府层级越低，社会成员与政府部门之间的信息传递链越短，他们的真实意愿越不容易被扭曲。Musgrave（1959）从资源配置、收入分配和经济稳定三大财政职能出发，分析了中央和地方政府进行分工的合理性和必要性。他认为在资源配置领域，各个地区的社会成员偏好不同，地方政府比中央政府更适合提供，更有利于经济效率的提高和社会福利的改进。在宏观调控领域和收入再分配领域，中央政府由于具备充足的财力，且能够避免社会成员流动性带来的再分配效果的减弱，所以应当有所作为。McGuire（1972）在布坎南的"俱乐部"理论的基础上对"以脚投票"的量化均衡条件进行了补充。社会成员在各个辖区间进行流动时要对不同辖区的利益和成本进行权衡。利益即享受到的公共产品的收益，成本即应当支付的税收成本，当社会成员在迁移时的边际成本等于边际收益时，他能获得最大的效用，才会停止搜寻的过程。Oates（1972）提出了财政分权理论，该理论认为让地方政府将一个帕累托有效的产出量提供给它们各自的选民，则总是要比由中央政府向全体选民提供任何特定的并且一致的产出量有效得多。在这些理论的基础上，第一代财政分权理论逐步形成，鉴于Tiebout、Oates和Musgrave等人在这一理论上的先驱性贡献，第一代财政分权理论也被称为TOM模型。

总之，第一代财政分权理论论证了地方政府存在的必要性，从多个角度进行论证，并得出结论：相对于中央政府，由地方政府来提供地方性公共产品更优越。

钱颖一和温格斯特（Qian and Weingast, 1997）借助新厂商理论构建了第二代财政分权理论。该理论认为第一代财政分权理论是有缺陷的，第一代财政分权理论想当然地认为地方政府官员一定会追求辖区内社会成员利益的最大化，实际上则不尽然，政府和政府官员都追求自身利益的最大化，和辖区内的社会成员是一种委托—代理关系，两者的利益并不总是一致的。如果缺乏有效的约束机制，地方政府官员会产生"寻租"行为，即使存在有效约束，防止地方政府官员的"寻租"行为，如果不设置相应的激励机制，地方政府官员也有可能不作为。所以一个有效的政府结构应该实现官员和辖区内社会成员利益相容的激励机制。在有效的激励机制下，地方政府的行为目标才会与辖区居民的利益目标相一致。另外，钱颖一和温格斯特（1997）认为分权有助于形成一种称之为"市场保护型"的财政联邦制。在该体制下，中央政府与地方政府明确划分彼此的责任和权利，并由地方政府承担发展本地经济的主要责任。

1.3.2 关于地方政府投资效应的研究综述

地方政府投资产生的政治经济效应研究成果比较丰富，在现有文献研究中受到较多关注的有以下两个方面。

（1）地方政府投资的经济增长效应。

Barro（1990）提出内生增长理论模型，认为政府投资利于经济增长；Futagami（1993）进一步扩展了 Barro 的内生增长模型，研究发现基础设施投资能有效拉动宏观经济增长；Easterly 和 Rebelo（1993）实证研究了 28 个国家在 1970～1988 年的交通、通信等基础设施投资对宏观经济的影响，发现两者间有正相关关系；殷强（2007）研究发现，政府投资与民间投资均能推动辖区经济的增长，但是政府投资的增长效应没有民间投资的作用强；张卫国等（2010）实证研究了中国经济转型期地方政府投资对经济增长的影响，研究成果表明政府投资能显著推动地方经济的增长，原因在于财政分权制度改革使地方政府有相对独立的经济利益，激励地方政府改善辖区投资环境，努力吸引资本，从而推动辖区经济的快速增长；吕冰洋和毛捷（2013）研究发现，中国经济增长之所以长期依赖政府投资，是因为金融抑制导致企业的融资能力长期受到压制。

（2）政治因素影响社会性资本投资的效应。

"中国式分权"激活了地方官员经济决策权，为地方官员发展辖区经济提供了充分的政治、经济激励，为增强竞争优势，缓解政绩压力，地方官员纷纷动用税收优惠、财政补贴、审批权、市场准入、土地供给、信贷资源流向、基础设施建设等一切手段，提升辖区对资本要素的吸引力，推动投资规模扩张，以良好的经济绩效积累晋升资本。从微观层面看，由于管理层的人事任命权在地方政府手中，地方国有企业的生产经营不可避免地受到地方政府的直接影响，地方官员面临的政绩压力会促使其利用行政方式干预辖区内国有企业按照地方政府偏好导向进行投资。张洪辉和王宗军（2010）研究发现政府控制的国有上市公司存在过度投资现象，国有上市公司的过度投资行为是地方政府将降低失业率、增加税收等公共目标内部化到国有企业的结果。曹春方等（2014）不再将地方政府视为一个整体，区分了地方政府和地方重要官员，认为两者间的利益并不一致，地方重要官员的利益诉求是政治收益，"政治人"属性的特征更加明显，地方政府群体更重视与自己利益切身相关的地方财政收入，"经济人"属性更清晰，无论是地方官员面临的晋升压力还是地方政府群体面对的财政压力，都会导致地方国企过度投资。

中央政府在显性的经济绩效考核之外也经常使用隐性治理模式来防止地方官员腐败和不忠（Huang, 2002），其中最为制度化和广泛推广的就是任期限制和地区交流。这两种制度都能实现地方官员的更替，陈艳艳和罗党论（2012）研究了官员更替对辖区企业投资的影响，他们使用 2000～2008 年全国 277 个地级市的官员更替数据进行实证研究，发现地方官员更替与企业投资规模之间正相关，与投资效率负相关，官员频繁更替会造成辖区投资率的剧烈波动，官员更替对国有企业投资的影响更加显著。王贤彬和徐现祥（2017）基于 1992～2010 年的省级面板数据实证研究了官员交流对外商直接投资的影响，研究发现官员交流对外商直接投资有明显影响，且这种影响具有区域异质性，官员交流活动对沿海省份和内地省份的外商直接投资分别有着明显的正向、负向作用。王贤彬等（2017）分析了反腐败对地方固定资产投资的影响，他们发现高官落马产生的威慑效应，明显冲击了辖区固定资产投资规模，尤其是地方国有企业固定资产投资规模在高官落马后明显降低，非国有企业则未受到明显抑制。

上述学者主要是从地方政府视角研究政治晋升对地方国企投资的

影响,杨瑞龙等(2013)指出国企高管人事任命权属于政府而非公司董事会,国企高管的政治身份使其兼具"经济人"和"政治人"两种属性。政治动机对国企高管投资行为的影响不容忽视,国企高管存在基于个人政治前途的动机去影响企业经营的行为(郑志刚等,2012;刘青松和肖星,2015)。金宇超等(2016)以非金融类上市公司为研究对象,在党的十八大后反腐败的政治环境下,发现国企高管同时存在着避免政治风险动机的"不作为"和追求政治晋升的"急于表现"两种现象,这些都会损害企业捕捉投资机会的能力。

地方政府除了可以影响国有企业投资外,也有能力通过产业政策、行政许可、政治网络等软渠道将政府偏好内部化到民营企业投资决策中,尤其是与地方政府具有密切联系的民营企业。对地方政府而言,基于缓解政绩压力的考虑,国有企业和民营企业的投资都会受到地方政府的鼓励,都有可能得到地方政府给予的土地、税收、金融信贷等方面的优惠待遇。就民营企业角度而言,民营企业出于搞好政商关系以获取政府支持的考虑,也会配合地方政府执行扩大投资规模的决策(王立国和鞠蕾,2012)。徐业坤和李维安(2016)以2004~2011年民营上市公司为样本,研究了政治因素对民营企业投资的影响,发现地方政府面对的经济增长压力越大,辖区内民营企业过度投资问题就越严重;徐业坤等(2013)研究发现拥有人大代表、政协委员等政治身份的民营企业投资容易受到地方官员更替的影响,但在地方官员更替带来不确定性消失后,拥有政治关系的民营企业投资能快速恢复,投资支出水平也会超过没有政治关系的企业。

1.3.3 关于财政分权与地方政府投资绩效的研究综述

(1)财政分权与地方政府投资规模的研究综述。

财政分权会引发地方政府间的横向竞争,尤其是在以GDP增长率为地方政府官员的主要晋升标准的情况下,地方政府纷纷在公共产品领域进行大规模的投资,这样一方面可以促进经济增长,另一方面可以增加公共产品的供给数量。Estache 和 Sinha（1995）通过对 10 个发展中国家财政分权、公共基础设施支出总额、地方性公共基础设施支出之间的关系进行回归分析,发现财政分权与后两者的关系为正相关。张军和高远（2007）基于中国基础设施快速改进的宏观视角,对财政分权和基础设施投资的关系进行了分析,认为快速改进的中国地方基础设施反映了中国地方政府质量和治理能力的快速提升,而财政分权下的"标尺竞争"推动地方政府为招商引资而改进基础设施。王贤彬等（2010）研究发现,地方官员晋升竞争激烈度与地方投资率之间正相关,地方官员职业竞争增加了地方投资,地方投资周期与官员更替有着密切联系;李猛和沈坤荣（2010）认为腐败、晋升与财政收入是激励地方政府行为短期的重要原因,三种因素均会引致全社会固定资产投资的扩张;申亮（2011）运用博弈论方法分析了财政分权下的地方政府竞争行为,研究表明在经济考核和政治晋升激励之下,由于地方政府间对"双赢"的合作激励不足,地方政府间的政治和经济决策表现出一定的"排他"特征,并进而形成地方政府之间投资攀比效应。周光亮（2012）认为财政分权明显确立了地方政府的投资主体意识,并进而影响到区域产业结构的动态调整。郭庆旺和赵旭杰（2012）研究发现,政治晋升和财政利益激励着地方官员发展经济,投资因其具有直接、强劲的增长效应而受到地方官员的重视,地方政府在投资规模上的竞争造成了全国经济周期波动。根据郑永年（2013）的研究,"行为联邦制"影响了中央和地方关系的政治经济基础、互动结构和战略范式,地方政府具有更为明显的主体权利意识和经济发展意识,也承担更多的社会治理和经济发展责任。王贤彬和张莉等（2014）同样基于中国基础设施改进的视角,运用一般均衡分析方法探讨了地方政府土地出让、基础设施投资与地方经济增长之间的关系,结果显示在"中国式分权"体制下,地方政府会利用自身对可掌控资源的配置权利来募集资金以投资于基础设施建设。在政治晋升的激励下,地方政府会高效率地提供地方公共基础设施,并借以向中央发出强烈的能力信号。Stansel(2014)认为分权明显提升了地方政府在经济中的角色和作用。从以上研究可以看出,几乎所有的学者都认为财政分权提升了地方政府在经济中的角色和作用,认为财政分权与地方政府投资规模、经济增长呈正相关关系。

(2) 财政分权与地方政府投资效率的研究综述。

Evans(1992)和 Gaile(1992)等人对财政分权、地方政府公共服务供给水平、供给质量和当地居民的偏好进行了分析,发现政分权改善了地方政府公共服务供给的水平和质量,更好地与当地居民的偏好相匹配,增加了其责任感。Bretion(1996)认为财政分权使地方政府在收入和支出方面具备了自主权,拥有了自身的利益。为了吸引更多的辖区居民、促进经济增长,他们会在税收、财政支出和投资环境等方面展开竞争,这种竞争可能是地方政府间的横向竞争,也可能是和中央政府进行的纵向竞争,无论哪种竞争形式,都会提升公共产品的供给效率。Kwon(2003)基于1979~2001年的时间序列模型,对韩国财政分权和公共产品供给之间的关系进行了研究,结果表明财政分权有效地提高了公共产品供给与居民公共需求的匹配度。王立国和张洪伟(2013)认为,在财政分权背景下,一些制度的设立对地方政府经济性投资效率具有一定的影响。其研究发现,财政分权会提高地方政府的经济性投资效率。一般性转移支付并没有很好地提升地方政府投资效率。王婧(2016)以1978~2014年中国28个省区市的经验数据为样本,运用 DEA 技术和 Tobit 模型分析了中国政府投资效率的区域差异,研究表明中国东部、中部、西部三大区域地方政府投资效率差异显著,地方政府投资规模的扩大抑制了地方政府投资效率的提升。相较于中西部,"4万亿"投资刺激计划对东部地区表现出更为积极的正向效应。徐彩霞(2018)认为财政分权体制降低了地方政府投资效率,因为一方面财政分权下的绩效考核使地方政府的投资行为具有倾向性,往往投向固定的领域;另一方面,地方保护主义会阻碍资源在辖区间的流动，财政分权又加剧了地区的不平衡。从以上综述可以看出，大部分学者的研究认为财政分权提高了公共产品供给与居民公共需求的匹配度，提高了地方政府的投资效率。只有王婧（2016）和徐彩霞（2018）认为财政分权对地方政府投资效率的提升具有抑制效应。

1.4 研究思路、研究内容与技术路线

1.4.1 研究思路

本书首先明确界定地方政府投资和投资绩效的概念，结合西方财政分权理论分析地方政府投资的理论依据，并在"中国式财政分权"背景下研究地方政府投资绩效问题。地方政府投资绩效包含两个方面：一是"绩"，即基于结果导向的投资绩效评价；二是"效"，即基于过程导向的投资绩效评价。

本书用地方政府投资规模表示地方政府投资的"结果"，用地方政府投资效率表示地方政府投资的"过程"。本书从预算内固定资产投资和逐项累加法两个方面分别测算地方政府投资规模，使用 DEA 方法测算地方政府投资效率。在此基础上，实证研究财政分权对地方政府投资规模和投资效率的影响，明确两者间的关系。并对地方政府投资主体利益相关方的行为进行博弈分析，以分析财政分权对地方政府投资绩效的作用机制。最后得出本书的结论并提出相应的政策建议。

1.4.2 研究内容

本书的基本研究结构包括以下几个部分。

第1章 绪 论

第1章：绪论。主要介绍了选题的背景和意义、写作目的、文献综述、研究思路、主要研究方法、创新点以及不足之处。

第2章：财政分权下地方政府投资的理论基础。本章首先从公共产品的分类入手，说明根据受益范围的不同，公共产品的供给主体也不相同，地方性公共产品应由地方政府来供给。其次，分别从投资规模和投资效率两个方面说明财政分权对地方政府投资绩效的影响。由于在提供地方性公共产品方面具有信息优势、决策优势、竞争优势和创新优势，财政分权对地方政府投资效率具有提升效应。财政分权背景下地方政府之间的"锦标赛"竞争使地方政府倾向于扩大地方政府投资规模。所以从理论上来讲，财政分权应该是能够提升地方政府投资绩效的。最后，结合中国的国情，论述了"中国式财政分权"的特点，指出在"中国式财政分权"背景下，财政分权能够提升地方政府投资绩效是个未知数。

第3章：中国地方政府投资及绩效管理的历史演进。本章先是投资概念的演进。新中国成立初期，我国以基本建设的概念管理投资；改革开放后又使用包含了基本建设和技术改造的固定资产投资的概念管理投资；确立社会主义市场经济后，政府管理的投资范围缩小到政府直接投资的部分。伴随投资概念演进的是投资管理体制的演进，经过"放权让利"和"分税制"的财政分权改革，地方政府投资逐渐成为投资管理的重点。投资管理的目的是提高投资效率。计划经济的"计划"管理的方式是为了避免浪费，也是进行投资效率管理；改革开放后为提高（国有）企业投资效率进行了"投资拨改贷"的改革；1999年财政投资评审制度的建立将绩效管理重点放在了政府投资上；由于地方政府投资规模不断扩大，政府更加重视绩效管理，2005年后我国逐渐形成了以绩效评价为核心的绩效管理制度。

第4章：中国地方政府投资规模的估算。本章使用逐项累加法计算的地方政府投资规模和预算内资金固定资产投资占固定资产总投资的比重两种方式计算我国地方政府投资规模，基本的探索性数据分析结果表明中国地方政府投资表现出明显的空间分层特征。其中，东部沿海发达地区，地方政府投资规模占比较小，而中西部地区地方政府投资规模比重较高。一个推断是，地方政府投资占比的高低反映了地方政府干预经济的强弱，东部地区经济发展水平较高、市场开放程度较高、市场体制建设较为完善，因而私人投资较为强劲。但是西部地区，经济发展较为落后、产业布局较为分散、市场化程度较低，因而投资主要以政府为主体。

第5章：中国地方政府投资效率的测算。本章主要探讨2007~2016年中国地方政府投资和中国地方政府投资效率的时序性和时空差异特征，综合运用中国31个省区市的宏观投资数据，基于DEA效率评价方法计算了中国区域政府投资效率的空间差异，并运用Malmquist方法对其进行了技术层面的分解。分析表明，中国地方政府投资效率也表现出明显的空间分层特征，其中东部沿海发达地区的地方政府投资效率显然高于中西部地区。基于绝对趋同的收敛性分析表明，伴随着时间的演进，中国地方政府投资效率差距逐渐缩小。

第6章：财政分权影响地方政府投资绩效的实证检验。本章使用全国30个省级政府的平衡面板数据，实证研究了财政分权与地方政府投资绩效之间的关系，对于结果导向的"绩"使用地方政府投资规模表示，对于过程导向的"效"使用DEA方法测算得到的地方政府投资技术效率表示。为保证研究结论的可靠性和稳健性，本章分别使用了预算内资金来源的固定资产投资和逐项累加法计算得到地方政府投资两种地方政府投资规模指标，并使用了多种财政收支分权指标。研究结论表明，预算内资金来源的固定资产投资与财政分权负相关，说明在财政分权度较高的地区，因为市场力量活跃，政府投资占比较低；逐项累加法计算的地方政府投资规模与财政分权之间正相关，说明具有"政治人"属性的地方官员有扩大投资规模的内在激励；地方政府投资技术效率与财政分权之间的关系并不显著，原因可能在于财政分权对地方政府投资效率的提升效应和抑制效应势均力敌。基于实证分析得出的研究结论为投资领域的政府和社会资本合作（PPP）模式提供了经验证据支持。

第 7 章：地方政府投资绩效管理中相关主体的博弈分析。本章基于中央和地方政府的投资博弈分析发现，双方在博弈过程中互有优劣势，出现确定各自投资分配额时不断"讨价还价"的重复博弈过程，结束循环博弈的关键在于利用制度设计增加双方内在利益的一致性；基于地方政府之间的投资博弈分析发现，对于跨区域基础设施投资，只有经济激励时，强调个体理性的地方政府之间不会选择合作，导致供给不足，当加入政治激励后，地方政府之间又会相互竞争，出现重复投资，导致供给过度；基于地方政府投资中其他相关利益主体的投资博弈分析，社会公众与立法机构、立法机构与政府部门、财政部门与财政资金使用部门、政府部门与私人部门之间，每一层委托代理关系中，由于信息不对称，容易出现代理人违背委托人利益的机会主义行为。又由于公共投资中代理层次多，监督机制不健全，投资信息传递不灵，导致政府投资的效率损失，所以需要在投资中加强绩效监督管理。

第 8 章：根据研究结论，本书认为需要合理划分地方政府投资责任，规范地方政府投资模式，加强地方政府投资的绩效管理，完善地方官员政绩考核机制，强化财政资金的监督和审计。

1.4.3　研究技术路线图

本书的研究技术路线如图 1-1 所示。

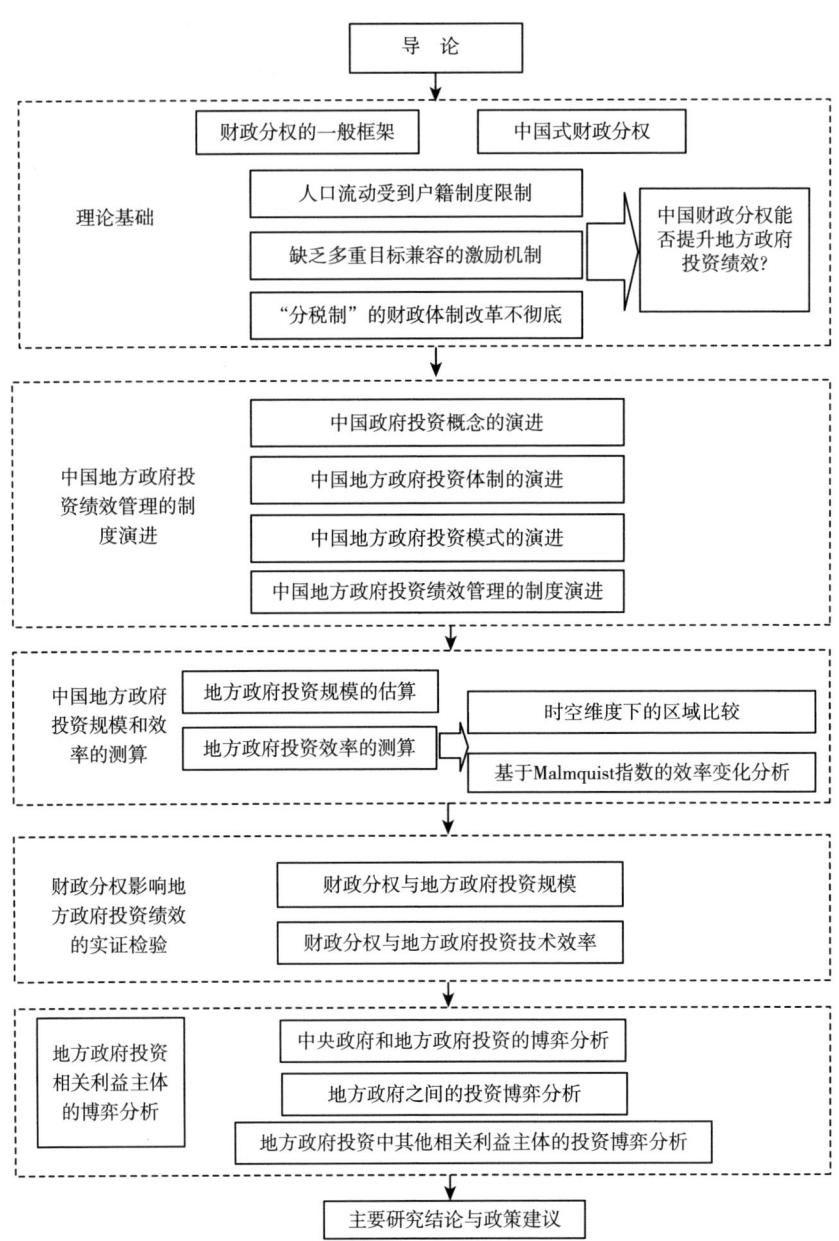

图 1-1 本书的技术路线

第1章 绪 论

1.5 研究方法

1.5.1 DEA效率评价法

数据包络分析（data envelopment analysis，DEA）是一种非参数技术效率分析方法，可以用于边界函数估计与效率测算。其本质是判断决策单元（decision making unit）是否位于生产可能集的"生产前沿面"上。

在本书中，基于省级层面数据样本，我们以地方政府投资为输入变量，以辖区居民收入、科教文卫等公共服务为产出变量，运用DEA两阶段方法核算了地方政府投资效率，并对其Malmquist指数进行了分解。

1.5.2 静态面板模型研究法

本书实证研究财政分权对地方政府投资绩效的影响时，使用了静态面板模型研究法，静态面板模型分别有固定效应和随机效应两种方法可供选择，在书中通过豪斯曼检验确定了固定效应研究方法，同时为了控制不可观测的地区与时间因素对模型的影响，采用了双向固定效应模型，并为克服异方差性，在实证回归中添加了robust选项。

在实证模型中以财政分权和地方政府竞争为核心解释变量，以经济发展水平、经济开放度、经济结构、中央净转移支付、人口规模等指标作为控制变量。

1.5.3 博弈分析法

本书通过建立博弈模型分析了中央政府与地方政府之间、地方政府之间的投资博弈关系，并利用委托代理理论分析了政府投资其他相关利益主体包括社会公众与立法机构、立法机构与政府部门、财政部门与财政资金使用部门以及政府部门与私人部门（微观企业）之间的博弈关系，识别了各利益主体间的作用机制。

1.5.4 空间可视化方法

将定性分析和定量分析相统一，空间可视化方法能够直接明了地显示研究变量区域的空间差异，因而基于 GIS 的空间可视化表达成为当前经济学研究的热点方法。在测度地方政府投资规模和地方政府投资效率的基础之上，运用空间可视化方法，本书在第 4 章和第 5 章给出了地方政府投资规模和地方政府投资效率的空间差异，并对此进行了基础性的探索和解析。

1.6 本书的创新点与不足之处

1.6.1 主要创新点

（1）在对地方政府投资绩效进行明确界定的基础之上进行了量化分析。首先基于结果导向和过程导向两个角度对地方政府投资绩效进行了明确的界定，利用地方政府投资规模和地方政府投资效率对地方政府投资绩效进行量化分析。

（2）运用空间可视化方法对 31 个省区市的投资规模和投资效率进行了分析，得到地方政府投资规模和投资效率在时空分布上存在严重非均等的结论。在地方政府投资规模方面，分析表明 2007~2016 年预算内固定资产投资占全社会固定资产的均值约为 8.39%，其中最小值为 0.84%，最大值为 87%，西藏、青海等西部地区的比重明显高于东部地区，这表明西部欠发达地区市场活力不足，严重依赖于政府投资；在地方政府投资效率方面，仅有个别地区达到技术效率的前沿面，多数地区处于技术效率的低值区，例如，2016 年全国 27 个省区市的技术效率值处于低于 0.6 的低值区。对地方政府投资效率做趋同性分析发现，中国地方政府投资效率差距逐渐缩小。

（3）运用多指标实证研究财政分权对地方政府投资绩效的影响，并得到有价值的结论。

一是使用全国 30 个省级政府的平衡面板数据实证研究了财政分权与地方政府投资绩效之间的关系。为保证研究实证结论的可靠性和稳健性，本书分别使用了预算内资金来源的固定资产投资和逐项累加法计算得到地方政府投资两种地方政府投资规模指标，并使用了多种财政收支分权指标。

二是实证分析结果表明，预算资金来源的固定资产投资与财政分权负相关，说明在财政分权度较高的地区，政府投资的重要性有所下降，企业等社会性资本的影响力提升，该研究结论为投资领域的政府和社会资本合作（PPP）模式提供了经验证据支持。

（4）全面系统分析了地方政府相关利益主体之间的投资博弈关系。本书分别从部门内部（中央和地方政府之间），部门外部（社会公众与立法机构、立法机构与政府部门、财政部门与财政资金使用部门、政府部门与私人部门之间）展开地方政府投资相关利益主体的委托代理博弈分析，同时还探讨了地方政府之间的投资博弈关系，是对相关利益主体博弈关系的全面呈现，有利于更好地理解背后复杂的作用机制，深化了对地方政府投资行为的认知。

（5）政策建议上的创新。在理论分析和实证检验的基础上，本书提出一些创新性的政策措施，如在预算种类中增加"政府投资预算"，以专门的预算约束政府投资，落实绩效评价结果的应用，加强绩效管理；将审计部门划归人大常委会，加强人大对财政开展绩效评价的能力等。

1.6.2 不足之处

（1）本书实证检验了财政分权与地方政府投资绩效之间的关系，遗憾在于未能建立起反映两者关系的理论模型，于理论上对财政分权影响地方政府投资绩效的机理进行模拟，从理论和实践上完整认知两者之间的关系。

（2）因为相关数据无法获取，质量指标难以衡量。从指标衡量上看，绩效是一个比较广泛的概念，尤其是地方政府的投资绩效，对其衡量不仅应包括数量指标，也应包括质量指标。质量高低主要通过公民满意度、服务便利程度等具体指标来衡量，但由于相关数据不易获得，本书也只能进行数量指标的评价，这也是本书研究的遗憾之处，希望今后随着数据的补充进行指标评价的更新。

财政分权下的
地方政府投资绩效
问题研究
Chapter 2

第2章 财政分权下地方政府投资的理论基础

2.1 地方公共产品理论

2.1.1 地方公共产品的含义

萨缪尔森最早给出了关于公共产品的经典概念[①]。他是这样界定公共产品的：公共产品必须是由集团内所有成员共同且均等消费的产品，如果集团内任何一个成员可以得到一个单位的产品，那么该集团中其他成员也必须能够得到一个单位的产品。公共产品具有非排他性、非竞争性和效用的不可分割性。虽然最初这个概念遭到不少学者的批评，但后来的学者大多接受了萨缪尔森的定义，并加以发展。

随着研究的深入，人们发现公共产品的消费"集团"的范围大小是有区别的，并非所有公共产品都是在一国范围内被社会成员共同消费的，公共产品的消费在空间上呈现出明显的区域性特征。有的公共物品能够在全球范围内被所有的成员共同且均等消费，如国际秩序、全球环境治理等；有的公共产品能够在全国范围内被所有的成员共同且均等消费，如国防服务、外交服务、国家安全服务、全国性传染疾病的防控等；有的公共产品只能在某一个区域范围内被所有的成员均等消费，如地铁、公园、公交车、路灯、城市绿化、垃圾收集与处理等。所以根据受益范围的不同，公共产品可以分为全球性公共产品、全国性公共产品和地方性公共产品。后来又有学者发现一些地方性的公共产品会产生效益外溢现象，即其效益不仅使辖区范围内的社会成员受益，还能使辖区范围之外的社会成员受益。例如，地区性污染活动的治理，A地区水污染的治理不仅能使本地区的水资源质量改善，还能使下游地区的水资源质量改善；再如地方性的高等教育服

---

① 萨缪尔森1954年和1955年在两篇经典论文《公共支出的纯理论》和《公共支出理论的图解》对公共产品进行了最初的解释。

务，由于毕业生在各个辖区之间的流动，其效益也会外溢到其他辖区。这类地方性公共产品被称为具有效益外溢性的地方性公共产品。

国内外许多学者针对公共产品的受益范围问题发表了很多不同的见解。阿特金森和斯蒂格利茨（1980）提出全国性公共产品是指一国范围内全体社会成员都受益的公共产品，地方性公共产品是指受益范围局限于某一地方范围之内的公共产品。前者如国防服务、外交服务，后者如城市的上下水设施、医疗卫生服务、垃圾处理和消防等。鲍德威和威迪逊（2000）指出某些公共产品的消费是受到地理限制的，这些受到地理限制的公共产品可以称为地方性公共产品。他们还指出，地方性公共产品的供给也有层次性，受益范围不同，供给主体不同。以美国的地方政府为例，州政府提供高速公路、教育、社会福利与健康保障等服务等受益范围较广的地方性公共产品，地方政府则负责诸如警察、消防、社区卫生与上下水等受益范围较窄的地方性公共产品。马斯格雷夫（2003）也认为受益归宿的空间范围是公共产品的关键特征，某些公共产品的受益范围是全国性的，而另一些则在空间范围上受到限制，前者如国防部门提供的国防服务、人类向外太空的探险、最高法院提供的法律服务，后者如辖区内的消防服务或城市绿化等。那么这些在消费上受到空间限制的公共产品就是地方性公共产品。国内学者平新乔（1996）、刘云龙（2001）等也认为全国性公共产品是指那些可供全国社会成员共同且平等消费的产品，而地方性公共产品是指地方层次上被辖区内社会成员共同地且平等地消费的物品。可以看出，国内外学者对地方性公共产品的定义基本上是一致的。一般认为，全国性公共产品能满足全国范围内社会成员的公共需要，而地方性公共产品只能满足某一特定区域内社会成员的公共消费需求。

综合国内外学者的观点，本书认为地方性公共产品是指受益范围局限于或主要局限于一个特定辖区内，能够被辖区内社会成员共同且平等消费的产品，如道路交通、给水工程、排水工程、供电工程、电信工程、供热工程、燃气工程、园林绿化、环境卫生设施、环境保护、防洪、人防等，如表2-1所示。

表2-1 公共产品按受益范围分类

分类	受益范围	内容	供给主体
全国性公共产品	全国	国防、外交等	中央政府
地方性公共产品	某一区域	地铁、公交、城市绿化等	地方政府
	主要为某一区域，但效益外溢	高等教育、污染防治等	地方政府+中央政府

2.1.2 地方公共产品的特征

地方性公共产品具有非排他性和非竞争性等一般特征。但相对于全国性公共产品，地方性公共产品还具有一些特殊特征：

（1）受益的区域性。地方性公共产品的分布往往限定在某一区域之内，社会成员在消费地方性公共产品时往往受到也被限定在一定的区域范围之内。所以地方性公共产品具有受益的区域性。

（2）部分地方性公共产品具有区域间的效益外溢性。虽然地方性公共产品的分布往往限定在一定的区域范围之内，但是其受益人群往往与其行政范围不完全一致，可能会向相邻的区域溢出。这种溢出效应可能源于公共产品效益的直接扩散，也可能源于辖区内社会成员的流动。例如，地方政府对污染活动进行治理使周边区域也能够受益，地方性高校的教育服务由于毕业生的流动也能将效益外溢出去。

（3）公共产品可能具有消费的拥挤效应。所有类型的公共产品都有消费的临界点，全国性公共产品的临界点非常高，一般情况下对其消费很难达到饱和状态。地方性公共产品的覆盖范围有限，其消费的临界点也相对较低，所以当消费人群增加时，很容易达到饱和状态，变得拥挤。为了减轻其拥挤效应，地方性公共产品需要进行更多的投资。例如，城市公交服务，当消费人群增加超过其临界点时，会变得拥挤，为了减少拥挤性，增加辖区居民的福利，地方政府会提供更多的公交服务。

（4）供给主体的层次性。无论是从公平角度考虑还是效率角度考虑，不同受益范围的公共产品应该由不同层级的政府提供。如果存在多级地方政府，则根据公共产品的受益范围不同，由不同层级的地方政府分别提供。美国地方政府分为两级：一级州政府（state government）、一级地方政府（local government）。例如，美国州政府提供高速公路、教育、社会福利与健康保障等服务，地方政府则负责诸如消防、警察、供水与社区卫生这类地方性服务。

2.1.3 地方公共产品的分类

地方公共产品涵盖的内容比较广泛，根据各类公共产品功能和特征的差异，地方公共产品分为以下几个种类：

（1）基础设施类的地方性公共产品，主要指公共工程类的地方性公共产品，包括道路交通、港口、机场、车站、自来水、下水道、管道煤气、路灯、绿化、电力、垃圾收集与处理等公共设施。

（2）社会服务类的地方性公共产品，主要包括文教科卫等。具体有广播、电视、图书、报纸、杂志、图书馆、艺术馆、博物馆、表演团体、文物与文化遗产的发掘、基础教育、体育馆、科研投入、医疗卫生、疾病防治、气象预报、消防、公园、公共交通等社会服务类公共项目。

（3）社会管理类的地方性公共产品，主要包括由地方公共部门提供的各类地方性的政策、法律、法规、条例等公共秩序。

公共产品理论是由萨缪尔森、马斯格雷夫等学者最终完成。公共产品体系的形成为财政分权理论的发展奠定了基础。

2.2 财政分权对地方政府投资影响效应的理论基础

2.2.1 财政分权的含义

所谓财政分权是指中央政府赋予地方政府一定的税收权限（财权）和支出责任（事权），允许地方政府自主决定其财政支出规模和结构，旨在由地方政府更有效率地提供辖区内社会成员所需要的地方性公共物品与服务。财政分权理论研究的逻辑起点是为什么要采用多级政府结构而不是单一层次的政府结构。经过多个角度的论证，财政分权理论最终得出多级政府结构使公共品的供给更有效率的结论。

第一代财政分权理论研究的核心是中央政府和地方政府如何分工以提高公共产品或服务提供的效率问题。第二代财政分权理论试图修补第一代财政分权理论的一些假设漏洞，研究的核心是如何设计政治体制和财政体制，使官员和社会成员利益相容的激励机制，从而实现社会福利的最大化。本书将分别通过分析两代财政分权理论来分析财政分权对地方政府投资规模和投资效率的影响效应的问题。

2.2.2 财政分权对地方政府投资效率的影响效应

我们用第一代财政分权理论来解释财政分权对地方政府投资效率的影响效应。蒂伯特（1956）提出了地方公共产品的完全竞争市场理论。该理论认为要实现地方公共产品的有效供给，实现社会福利的最大化，需要社会成员像选购商品一样自由选择自己感到满意的辖区去居住，这一理论是建立在一系列假设条件之上的。

（1）假设条件。

① 社会成员具有充分的信息，能够完全了解辖区之间税收和公

共产品之间的差别;

② 人口可以在辖区间自由流动,不受政府人口政策、就业机会等的约束或限制,社会成员能够迁移到最能满足其偏好的那个区域;

③ 地方政府也有充分的信息了解辖区内社会成员关于税收与公共产品的偏好,并根据社会成员的利益来从事相关的活动;

④ 公共产品或税收在各个辖区之间不存在任何外部效应,辖区内公共产品的效益不会外溢到辖区之外,辖区内的税收成本也不会外溢到辖区之外;

⑤ 各个辖区都愿意并且能够以最低的平均生产成本来生产公共产品,各个地方辖区为了吸引更多的社会成员来本辖区居住,有降低公共产品生产成本的主动性。

(2) 局部均衡分析。

我们借鉴 Oates(1972)的做法,将一个国家的全部社会成员分为两个子集 A 和 B。假设:每个子集内的社会成员都有相同的偏好,而两个子集间的偏好是不相同的;这个国家设置两级政府:中央政府和地方政府,地方政府有两个,分别为 A 和 B;政府部门只提供一种公共产品;公共产品的供给主体可以是中央政府,也可以是地方政府;那么,在这些假设条件下,从效率角度来考虑,地方性公共产品由中央政府提供更合适还是由地方政府提供更合适呢?

如果公共产品由中央政府来配置,那么,中央政府只能为所有的子集提供一个均等的量,会忽略不同子集内部社会成员偏好的差异,达不到帕累托最优。如果公共产品由地方政府来配置,地方政府可以根据子集内社会成员的偏好情况配置不同的公共产品,能够达到帕累托最优。

在图 2-1 中,横轴表示社会成员对地方性公共产品的需求数量,纵轴表示政府部门收取的地方性公共产品的价格。假定辖区 A 和辖区 B 内部的社会成员的需求偏好相同,D_A 和 D_B 分别表示辖区 A 和辖区 B 社会成员对地方性公共产品的需求曲线。地方性公共产品的人均供给成本为 OP，假设政府按照 OP 来确定公共产品的价格，则辖区 A 和 B 的均衡数量分别为 Q_A 和 Q_B。倘若由中央政府负责提供，它按 Q_A 和 Q_B 的平均数提供，形成一个统一的供给量 Q_C。

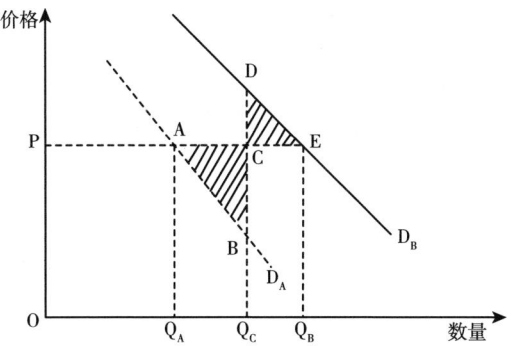

图 2-1　地方政府提供公共产品的局部均衡分析

对于辖区 A 内的社会成员来讲，如果地方性公共产品由地方政府提供，则地方性公共产品的数量为 Q_A，单位成本为 OP，则辖区内社会成员为享受 Q_A 的地方性公共产品付出的总成本为 $OPAQ_A$，获得的总收益为 $\int_0^{Q_A} D_A dQ$，辖区 A 内的社会成员获得的财政净收益为 $\int_0^{Q_A} D_A dQ - OPAQ_A$ [①]；如果地方性公共产品由中央政府提供，则地方性公共产品的数量为 Q_C，单位成本为 OP，则辖区内社会成员为享受 Q_C 的地方性公共产品付出的总成本为 $OPAQ_C$，获得的总收益为 $\int_0^{Q_C} D_A dQ$，辖区 A 内的社会成员获得的财政净收益为 $\int_0^{Q_C} D_A dQ - OPAQ_C$。对比这两种情况下辖区 A 内的社会成员获得的财政净收益的多少，发现当地方性公共产品由中央政府提供时辖区 A 内的社会成员获得财政净收益比由地方政府提供少三角形 ABC 的面积，所以

---

① 财政净收益是指居民从公共支出中获得的收益与他们通过纳税而承担的成本之间的差额。

对于辖区 A 内的社会成员而言,地方性公共产品由地方政府提供效率更高。

对于辖区 B 内的社会成员来讲,如果地方性公共产品由地方政府提供,则地方性公共产品的数量为 Q_B,单位成本为 OP,则辖区内社会成员为享受 Q_B 的地方性公共产品付出的总成本为 $OPAQ_B$,获得的总收益为 $\int_0^{Q_B} D_B dQ$,辖区 B 内的社会成员获得的财政净收益为 $\int_0^{Q_B} D_B dQ - OPAQ_B$;如果地方性公共产品由中央政府提供,则地方性公共产品的数量为 Q_C,单位成本为 OP,则辖区内社会成员为享受 Q_C 的地方性公共产品付出的总成本为 $OPAQ_C$,获得的总收益为 $\int_0^{Q_C} D_B dQ$,辖区 B 内的社会成员获得的财政净收益为 $\int_0^{Q_C} D_B dQ - OPAQ_C$。对比这两种情况下辖区 B 内的社会成员获得的财政净收益的多少,发现当地方性公共产品由中央政府提供时辖区 B 内的社会成员获得财政净收益比由地方政府提供少三角形 CDE 的面积,所以对于辖区 B 内的社会成员而言,地方性公共产品由地方政府提供效率更高。

(3) 一般均衡分析。

前面的局部均衡我们只分析了公共产品的供给和消费情况,现在我们进行一般均衡分析,假设整个社会有两个生产部门,公共部门提供公共产品,私人部门提供私人产品,社会成员同时消费公共产品和私人产品,假设私人产品为 X,公共产品为 Y,公共产品 Y 由中央政府或地方政府提供。假设此时收入分配已经达到最优,那么社会成员实现效用最大化的条件可以表示为:

$$
\begin{aligned}
&\max U_A(X_A, Y_A) \\
&s.t.\ U_B(X_B, Y_B) = \overline{U} \\
&F(X_A + Y_A; X_B, Y_B) = 0
\end{aligned}
\quad (2-1)
$$

第 2 章　财政分权下地方政府投资的理论基础

社会成员 A 的福利能否实现最大化取决于社会成员 A 对私人产品 X_A 和公共产品 Y_A 的消费量及其得到的效用 U_A。社会成员 A 要实现福利最大化面临着两个约束条件：一是社会成员 B 的福利不能受到损害，并且要达到社会平均水平 $\overline{U}$，即 $U_B(X_B,Y_B) = \overline{U}$；二是私人产品 X 和公共产品 Y 的总量是一定的，即 X 与 Y 经过在社会成员 A 和社会成员 B 之间进行分配后都要分尽，即 $F(X_A + Y_A; X_B, Y_B) = 0$。

在式（2-1）中，社会成员 A 实现福利最大化的一阶条件是：

$$MRS^A_{X_A,Y_A} = MRS^B_{X_B,Y_B} = MRT_{X,Y} \qquad (2-2)$$

即社会成员 A 和 B 对于私人产品 X 与公共产品 Y 的边际消费替代率要相等，即 $MRS^A_{X_A,Y_A} = MRS^B_{X_B,Y_B}$，且这两个边际消费替代率要与生产私人产品 X 与公共产品 Y 的边际转换率相等，即 $MRS^A_{X_A,Y_A} = MRS^B_{X_B,Y_B} = MRT_{X,Y}$。同时，因为社会成员 A、B 偏好不同，所以 $X_A \neq X_B$，$Y_A \neq Y_B$。

如果能够满足以上两项条件，公共产品 Y 无论是由地方政府来提供还是由中央政府提供都没有差别，因为都能满足 $MRS^A_{X_A,Y_A} = MRT_{X,Y}$ 和 $MRS^B_{X_B,Y_B} = MRT_{X,Y}$，实现帕累托效率。但若由中央政府来提供公共产品 Y，则有 $Y_A = Y_B$，不能满足 $Y_A \neq Y_B$ 的约束条件。所以地方政府在提供公共产品上比中央政府更为有效。

综合局部均衡分析和一般均衡分析的理论推导，我们可以看出，由地方政府分别提供合意的公共产品总是要比由中央政府统一提供公共产品有效得多。那么，为什么地方性公共产品由地方政府提供的效率更高呢？其作用机制是什么？

（4）财政分权提升地方政府投资效率的作用机制。

首先，地方政府在获取辖区社会成员偏好方面具有信息优势。一般情况下，信息传递的链条越长，信息失真的概率越大。Tresch（1981）认为，中央政府获取辖区社会成员偏好的信息链要远远大于地方政府，所以中央政府在获取辖区社会成员的偏好时可能带有偏好误读和信息失真问题。Tresch 还指出，由于偏好误读，中央政府在提供地方性公共产品的过程中可能会失误，要么不足要么过量。Tresch 通过数学模型证明，如果一个社会的信息是完全的，不存在信息不充分或不对称，那么地方性公共产品无论由中央政府提供还是由地方政府提供在效率上来讲没有区别。然而，在经济社会中，信息不充分和不对称现象比比皆是，所以相对于信息传递链条较长的中央政府，地方政府更贴近社会成员，更具有信息优势，其偏好误读率要比中央政府低得多。因此，Tresch 认为由地方政府来提供地方性公共产品才有可能实现社会福利最大化。

其次，地方政府所作出的公共产品决策能够更加契合社会成员的偏好。Stigler（1957）对于财政分权的合理性做了一个公理性的解释，他认为，第一，相对于中央政府，地方政府具有信息优势，更了解辖区内社会成员的需求偏好；第二，当社会成员对公共产品的种类和数量进行投票表决时，政府层级越低，其偏好越容易被真实地显示出来，政府层级越高，其偏好越容易被扭曲；第三，基于公平性的角度，不同的辖区应有权利根据自己的偏好选择相应的公共产品种类和数量。因此，为了实现公共产品配置的效率性和公平性，公共产品的决策应该在最低行政水平的政府部门进行。考虑到多级政府的现实，Stigler 也指出，行政级别高的政府尤其是中央联邦政府更有利于解决收入分配上的不平等与地方政府之间的竞争与摩擦这类问题。

再次，财政分权会强化辖区间的标尺竞争，促使地方政府降低成本，提高效率。在社会成员自由流动的情况下，各个地方政府作为公共产品的供给者需要以最低的价格、最优质的服务才能吸引到更多的社会成员到本辖区内来居住。财政分权使地方政府在财政收支方面有了更大的自主性，有了独立的利益。为了追求自身利益的最大化，吸引更多社会成员来本辖区，进而带来税收、资本和经济增长等一系列收益，地方政府会竞相提高公共物品和服务的水平，提高公共物品和服务的供给效率。由于社会成员所掌握的信息是充分的并且可以进行自由流动,各个辖区的社会成员会对各个地方政府在公共产品和税收方面的政策措施进行评价,并通过"用手投票"或"用脚投票"来反映自己的偏好。这会引发地方政府间的"标尺竞争",相互竞争和学习,从而提高公共产品的供给效率,节约成本。

最后,地方政府可以推动公共物品供给机制的创新。一方面,地方政府具有制度创新的压力。Vasquez 和 McNab(2001)认为财政分权使地方政府在财政收支方面有了更大的自主性,这会增加地方政府公共产品和服务创新的动力;地方政府之间的标尺竞争是地方政府公共产品和服务创新的压力。内在的动力与外在的压力使地方政府积极创新公共产品和服务的供给机制,降低成本,提高质量。另一方面,地方政府具有制度创新的优势。Oates(1998)指出中央政府层次上的政策实验会受到各种政治性障碍的制约,从而阻碍制度创新。但地方政府却比较灵活,能够绕过许多政策性障碍,进行不同的政策试验。另外,地方政府对当地社会成员的偏好和自身的资源条件更加了解,因此地方政府在制度创新方面具备得天独厚的自然条件。而且地方政府之间的竞争使创新性政策具有向外扩散的效应,带动其他地方政府的制度创新,最终促进全国公共政策制定上的"技术进步"。

总体上,财政分权对地方政府的投资效率具有提升效应。然而,财政分权也有可能在一定程度上对地方政府的投资效率带来抑制作用,使财政分权的提升效应打折扣。第一,分散化的投资难以充分发挥规模效应。第二,地方政府分散提供公共产品有可能会使具有效益外溢性的地方性公共产品供给不足。这些具有效益外溢性的地方性公共产品会被其他辖区的居民分享,所以地方政府提供这类公共产品的积极性会受到影响。此外,制度创新也具有效益外溢性,并且没有类似私人产品领域的专利保护机制,其他辖区会通过简单模仿受益。当地方政府预期到这一点时,进行制度创新的积极性会受到影响。

2.2.3 财政分权对地方政府投资规模的影响效应

Tiebout（1956）认为地方政府更接近辖区选民，在了解辖区选民偏好方面拥有信息优势，因此赋予地方政府更多的财力和自主权有助于提高公共服务供给水平。所以地方政府有财力去提高政府投资规模。

如果给予地方政府官员适当的激励，使地方政府官员的利益与辖区内社会成员的利益一致时，地方政府官员愿意有所作为。当地方政府官员的晋升与地方政府投资规模一致时，地方政府官员有主动提高政府投资规模的积极性。地方官员为在激烈的"晋升锦标赛"中获胜，实现政治晋升，它们更关注如何在有限任期内实现辖区经济的高速增长，投资尤其是投资周期短、见效快、风险低的生产性投资更容易得到地方官员的青睐。集权型干部人事管理制度为地方官员发展经济提供了有效激励，但地方官员若没有掌握一定经济资源和经济发展自主权，仍难以将自利性投资偏好植入政府和企业等市场参与者的经济行为决策中。如果中央政府将大量的经济管理权限和经济资源下放给地方政府，地方政府凭借其强大的资源动员能力和行政干预能力成为地方经济的重要参与者，对地方经济发展拥有巨大控制力和影响力。地方政府这种集"裁判员"和"运动员"于一体的强势地位使其能够主导地方经济发展。

然而，财政分权也有可能对地方政府投资规模带来一定的抑制效应。这主要表现在三个方面：第一，在财政分权条件下，各个地方政府之间的财力不均衡。如果没有合理的转移支付制度，财力较差的地区甚至有可能连基本公共服务的投资都满足不了。第二，很多地方性公共产品具有辖区间的效益外溢性，如果提供该地方性公共产品的地方政府得不到相应的补偿的话，其投资的积极性就会受到影响，最终导致这类公共产品的实际供给数量小于对于社会来讲合意的供给数量。第三，如果存在不当的激励机制，使地方政府利益与社会利益不相容时，可能会引发财政分权对地方政府投资规模的抑制效应。

2.3 "中国式"财政分权的特点

2.3.1 中国政府间财政分配关系的改革历程

Schurmann（1963）曾指出，社会主义经济中存在两种类型的分权：将决策权下放到生产单位的分权Ⅰ和只把决策权下放到下级行政单的分权Ⅱ。前者属于现代意义上的经济性分权，后者则属于行政性分权。中国改革开放后逐步推进经济性分权，将决策权下放到生产单位，但是行政性分权却不彻底，在政治上还带有集权的性质。

我国的财政分权进程以改革开放为节点分为两大阶段。改革开放之前中央政府高度统收统支，地方政府并没有得到真正的自主权。1951～1953年财政实行集权管理和统收统支的财政体制。地方财政收入一律上缴中央，地方支出一律由中央拨付，收支两条线，地方政府只拥有零星的财力。1953～1979年，中央和地方之间的关系是以财政收入分成为中心的。虽然先后实施过比例分成、总额分成、超收分成等形式，但实质上都具有很明显的中央财权集中的性质。分成式财政管理体制虽然赋予了地方一定的财权和财力，但地方财政支出要由中央每年核定，地方分成收入实际上也就是中央财政的拨款，地方财政根本算不上是一级独立的财政。改革开放之后引入了市场竞争机制，财政分权改革得以逐步推进。以1994年分税制改革为分界点，改革开放之后的中央和地方之间的关系划分为两个时期。1980年我国财政领域实施了财政包干制，过去中央政府统收统支的局面被打破，各级政府自求平衡，分级包干。实施财政包干制之后，地方政府有了收支自主权，收入和支出的积极性被大大激发，全国财政收入虽然不断上升，但地方政府的财政收入占全国财政收入的比重也不断增加，至1993年，地方财政收入占全国财政收入的比重高达78%，中央财力被严重削弱，中央的调控能力被严重弱化。为了改变中央政府的弱势地位，1994年我国进行了分税制改革，此次改革带有高度集权特色。这次改革提高了中央政府的财政收入，1994年的中央财政收入占比从1993年的22%急剧上升到55.7%，大大增强了中央政府的宏观调控能力。期间在2002年进行了所得税分享改革，2016年进行了"营改增"和增值税分享比例调整的改革，2018年国家税务局和地方税务局进行了机构合并，从总趋势来看是中央财权在增大，地方财政收益受到一定程度压缩。另外，在税种、税率和税基的确定上，中央政府占有绝对的决定权，具有集权式的特点；在财政支出上，地方政府占比不断提高，财政分权度不断提高。可以说，"中国式"的财政分权是以经济性分权为基础、以政治集权为特色的财政性分权。

2.3.2 中国财政分权的特点

从财政分权理论可以看出，财政分权之所以能够促进地方公共产品的有效供给，是建立在以下几个条件之上的：一是社会成员在辖区间的自由流动；二是地方政府有动力进行提高公共物品供给效率方面的竞争；三是中央和地方的事权和支出责任划分比较合理。然而，具体到中国的国情而言，上述三个条件并不能够完全满足，中国的财政分权与西方理论意义上的分权存在一定的差异，所以被称为"中国式分权"。相对于西方的财政联邦主义，"中国式"财政分权具有以下特点。

第2章 财政分权下地方政府投资的理论基础

（1）人口流动受到户籍制度的限制。

Kim（2001）指出财政分权是中性的，其对经济运行或社会成员福利所产生的影响为正或者为负取决于所处的政治环境和社会环境。其他许多学者也认为财政分权的效果会受到一系列外在因素的影响。财政分权理论认为地方政府在提供公共产品上更有效率的原因之一在于社会成员掌握充足的信息并且可以自由流动，在比较各个辖区公共产品和服务的情况下，社会成员通过"用手投票"或"用脚投票"来反映自己的偏好，进而会引发地方政府间的"标尺竞争"，相互竞争和学习，从而提高公共产品的供给效率，节约成本。这一作用机制实现的前提是社会成员掌握充足的信息，具有在各个辖区间自由流动的权利，即辖区社会成员能够"用脚投票"和"用手投票"。如果这些条件不能充分实现，那么财政分权的效果会大打折扣。

中国的人口流动受到户籍制度的限制，社会成员要想做到"用脚投票"是非常困难的。从政策层面来看，我国的户籍制度限制了人口的自由流动。虽然当前逐渐放开了户籍限制，鼓励人口的自由流动，但是在人口流动的过程中，尤其是城乡人口流动的过程中仍旧存在各种条条框框限制着人口的流动性。各地方政府在制订人口流动政策时往往会从自身利益角度出发，一般从两个方面进行考虑：一是人口的流动是否有利于提高经济增长率，二是人口流动是否有利于提高辖区居民的人均公共福利。一方面，地方政府希望吸引更多的优质人才流入以提高本地区经济竞争力，同时分摊公共产品的成本；另一方面，人口的流入会使公共产品的使用变得更加拥挤，增加原有辖区居民的拥挤成本。因此，地方政府会在衡量人口流动对辖区带来的效用和损失的基础上来确定户籍门槛，并且会对不同人群施以不同的政策。所以地方政府对人口流动并不是持完全支持的态度的。从人文情感层面来看，地方辖区社会成员是否会单纯因为要享受更好的公共产品而放弃原来的辖区？这不一定成立。辖区居民的流动决策有多方面的影响因素，如工作、收入、家庭等，公共产品福利仅仅是影响辖区社会成员流动决策的一项很小的原因，而且中国人有非常强的故土情结，如果迁移获得收益等同或者仅略大于成本的情况下，大多数的社会成员都倾向于留在原来的辖区。只有当迁移的收益远远超过成本时，辖区居民才有可能做出迁移的决定。

（2）地方政府"为经济增长而竞争"。

第二代财政分权理论认为第一代财政分权理论是建立在地方政府的行为目标追求辖区内社会成员利益最大化的基础之上的，该理论认为第一代财政分权理论忽视了地方政府的自身利益。实际上地方政府未必会追求辖区内社会成员利益最大化，他们会追求自身利益的最大化，只有地方政府自身利益和辖区社会成员的利益一致时，地方政府才会有所作为。所以该理论认为分权体制下地方公共产品有效供给的关键在于地方政府是否愿意进行公共产品供给效率方面的竞争，能否设计出一套激励地方公共政策制定者的有效机制。财政分权体制内生的目标并不是唯一的，往往包含辖区社会成员利益、地方经济增长和地方政府官员的晋升。地方政府如何进行决策取决于其选择哪一种目标，而不同的激励机制会对地方政府的行为决策产生不同的影响。要使地方政府增加公共产品的供给，提高辖区社会成员的福利关键在于建立一套能够兼容干部晋升和当地社会成员福利的激励机制。

当前中国地方政府的职能包括提供公共产品、提升居民福利水平和促进经济增长等。因为公共产品的供给情况和居民福利水平的高低难以量化，经济增长便成为最直接的考核方式。以 GDP 为主的政绩考核机制人为地放大了地方政府从经济增长中获得的好处。另外，当前我国地方政府官员是向上负责制，其晋升与否主要取决于上级的考核，而非取决于辖区内社会成员的投票表决。所以当前我国的地方政府更多的是"为经济增长而竞争"，地方政府官员会在有限的任期内将有限的资金投入短期内能显著改变 GDP 的短期项目。

第 2 章　财政分权下地方政府投资的理论基础

（3）"分税制"的财政体制改革不彻底。

中国 1994 年之前的财政包干制使中央财权严重弱化，为了增强中央政府财力，1994 年进行了分税制改革。这次改革提高了中央政府的财政收入，大大增强了中央政府的宏观调控能力。但中央与地方的支出格局并没有做相应的调整，地方政府的财政支出占比依旧很高，财政压力不断增加，所以地方政府在公共产品的供给方面就会推卸应有的责任，将事权层层下放。加上中国的分税制实施得并不彻底，中央和地方按照税种划分财政收入，但各级地方政府则是按照企业行政隶属关系来划分财政收入，各级地方政府往往采取层层抓大的做法，越到基层政府，财政收入越少，支出责任越大。地方政府的财权和事权严重不对称，且政府层级越低，这一现象越严重，基层政府存在公共产品供给不足的问题。

在此背景下，地方政府亟须有效的转移支付制度来弥补财政收支缺口。然而当前中国的转移支付制度也不完善，难以发挥应有的功效。理想的财政转移支付制度能够兼顾激励和预算软约束的问题，这需要具备两个条件：一是在确定转移支付的金额时，中央政府和地方政府之间的信息是对称的，中央政府掌握地方政府财政收支的真实信息；二是在进行转移支付之后地方政府能够将获得的转移支付资金投入相应的公共产品领域，而非挪作他用。但从中国当前的情况来看，这两个方面似乎都难以满足。首先信息不对称存在会导致中央政府的逆向选择。地方政府在争取转移支付时，会隐瞒对争取转移支付资金不利的真实情况。由于信息不对称，中央政府无法获知地方政府的真实情况，于是进行逆向选择，把转移支付的水平确定在维持地方财政基本运转的水平上，地方政府依旧没有足够的财力提供有效的公共产品。其次，规范透明的预算制度可以克服信息不对称，帮助中央政府审查地方政府的预算收支并督促其对公共产品的供给。但我国在构建规范透明的预算制度方面依旧有很长的路要走。另外，中央政府往往最终会为那些陷入财政困境的地方政府背书，这也促使地方政府产生了"搭便车"意识,最终中央政府对地方政府的预算必然是软约束,地方政府支出无效率的现象也必然出现。因此,转移支付制度同样无法有效解决财权事权不对称的问题。

2.4 小　　结

本章从公共产品的分类入手,说明根据受益范围的不同,公共产品分为全国性公共产品、地方性公共产品和具有效益外溢性的地方性公共产品。不同性质的公共产品其供给主体也不相同。

从公平角度来看,对公共产品的受益和成本分担应当是相匹配的。全国性公共产品由全国范围内的社会成员享受收益,成本应该由全国范围内的社会成员承担,所以应由中央政府提供。地方性公共产品由区域范围内的社会成员享受收益,成本应该由区域范围内的社会成员承担,所以应由地方政府提供。具有效益外溢性的地方性公共产品,由地方政府和中央政府共同提供,中央政府对地方政府进行转移支付,转移支付力度的大小取决于外部性的大小。

从效率角度来看,通过局部均衡分析和一般均衡分析发现,地方性公共产品由地方政府提供效率更高。其原因主要有:一是地方政府更加了解本辖区内社会成员对公共产品的偏好;二是当辖区内社会成员对公共产品进行投票表决时,政府层级越低,他们的真实意愿更容易被显示出来,政府层级越高,社会成员的真实意愿越容易被扭曲;三是辖区间的竞争有利于降低公共产品的供给成本,提高效率;四是地方政府可以绕过很多政策性障碍进行制度创新。

然而,财政分权提高地方公共产品有效供给需要几个条件:一是具备一系列外部环境,如社会成员具有充足的信息、可以在辖区间的自由流动、可以充分表达自己的偏好;二是地方政府官员提升公共物品供给效率的激励机制;三是中央和地方的财权和事权划分比较合理。然而，具体到中国的国情而言，上述三个条件并不能够完全满足。"中国式"财政分权具有以下特征：一是人口流动受到户籍制度的限制，不能充分表达自己的偏好；二是缺乏兼容经济增长和当地居民福利的激励制度；三是分税制财政体制改革不彻底，存在财权事权不对称的现象。

财政分权下的
地方政府投资绩效
问题研究

Chapter 3

第3章　中国地方政府投资及绩效管理的历史演进

第3章 中国地方政府投资及绩效管理的历史演进

3.1 中国地方政府投资的历史演进

3.1.1 中国政府投资概念的演进

(1) 计划经济时期的基本建设投资概念。

新中国成立初期,我国学习苏联社会主义建设模式建立了计划经济体制,投资是社会主义经济建设的重要手段。在计划经济体制下,政府几乎是唯一的投资主体,所研究的投资都是政府投资。

从苏联引进计划经济体制的同时,我国也引进了"基本建设"的概念。1951年3月,中央人民政府政务院财政经济委员会(简称中财委)发布《基本建设工作程序暂行办法》,1952年1月9日,中财委对暂行办法进行修订,颁布了《基本建设工作暂行办法》,指出"凡固定资产扩大再生产的新建、改建、恢复工程及与之连带的工作为基本建设。如工矿、交通、农林、水利、财政、贸易、文化、教育、卫生、城市建设及大行政区以上政府机构等部门所属单位的事业建设、住宅建设、文教建设、科学试验研究建设、卫生建设及公共事业建设均属之。"基本建设就是固定资产扩大再生产,并要求一切基本建设都要列入基本建设年度计划,由财政拨款实施建设。基本建设是一个管理的概念,按照基本建设的概念,当时财政安排的基本建设资金主要集中在扩大再生产,挤占了简单再生产投资,一度减少了公交车辆、工矿设备的更新,使简单再生产不能维持。人们于是认识到简单再生产投资和扩大再生产投资的管理应该是有所区别的,基本建设投资也不能涵盖所有的固定资产投资。国家将一些设备更新等简单再生产的投资从基本建设投资中分离出来,由财政另行拨款来维持。

(2) 改革开放后的固定资产投资概念。

20世纪70年代末80年代初,随着改革开放的展开,固定资产的规模有了相当的增长，基本建设的概念已经控制不住投资规模，必须用包含基本建设和更新改造的固定资产投资的概念来控制投资规模了。

计划经济时期，地方政府普遍存在"投资饥渴症"，想方设法增加地方的投资规模，导致投资规模屡屡失控。在简单再生产从基本建设中分离出来后，习惯上就用"基本建设"管理扩大再生产，用"更新改造"管理简单再生产。投资分配部门认为控制投资规模，只需要控制基本建设规模，反对将包括简单再生产的技术改造纳入投资规模的计算中（曹尔阶等，1992）。实践上，基本建设由计委主管，更新改造由经委主管，形成管理上所谓"两委之争"，地方政府则利用管理的分歧，以更新改造的途径扩大投资规模。基本建设的概念实际已经控制不住投资规模了。

自1982年起，国家决定编制统一的固定资产投资计划，把原来的挖潜、革新、改造措施和基本建设统一进行综合平衡，确立了以"固定资产投资"来控制投资规模的概念。固定资产投资是指投资者为实现其预期的投资目标而将其资金运用于固定资产的购置、安装、建造的行为或其所运用的资金。全社会固定资产投资计划包括全民所有制单位、集体所有制单位和个人固定资产投资三部分。全民所有制固定资产投资又分为基本建设、更新改造、其他固定资产投资和商品房建设四部分；集体所有制固定资产投资分为城镇集体和农村集体两部分；个人固定资产投资分为城镇工矿区个人建房和农村个人固定资产投资。

固定资产投资概念的提出有利于解决全面控制投资规模的问题，但随着改革的深入，投资主体多元化，非公经济的比重逐渐加大，固定资产投资计划管理的范围显现出一些问题。非公经济体的固定资产投资也形成全社会投资，是否应该纳入计划管理？1992年，我国确立了社会主义市场经济的发展路线，强化了市场机制，政府管理投资的范围也需要认真界定。

第3章 中国地方政府投资及绩效管理的历史演进

（3）投资主体多元化后的政府投资概念。

改革开放之后，投资主体逐渐多元化。政府直接投资的领域主要是基础设施等公益性投资，企业投资仍然以国营企业为主的，但逐渐地出现了外资企业投资和民营企业投资。1990年和1991年上海证券交易所和深圳证券交易所分别成立，以债券、股票为代表的金融投资逐渐发展起来，金融机构和个人都成为投资的主体。中国的投资概念更加丰富，需要划分实物投资和金融投资。投资的方式也因此而多样化，实物投资属于直接投资，金融投资属于间接投资，投资者以股权的方式也能达到投资的目的。

在传统体制下，政府对投资的管理无所不包，几乎涉及所有领域，投资主体多元化以后，政府管理的范围在逐步缩小，市场在资源配置中的作用迅速扩大。

1992年10月，中国共产党召开第十四次全国代表大会，明确指出中国经济体制改革以建立社会主义市场经济体制为目标。十四届三中全会通过了《中共中央关于建立社会主义市场经济体制若干问题的决定》，指出"政府管理经济的职能，主要是制订和执行宏观调控政策，搞好基础设施建设，创造良好的经济发展环境。……政府运用经济手段、法律手段和必要的行政手段管理国民经济，不直接干预企业的生产经营活动。"将投资划分为竞争性行业、基础性产业、公益性事业三大领域，竞争性项目由企业投资，基础性项目建设要鼓励和吸引各方投资参与，公益性项目主要由政府投资。由于政府直接投资逐渐退出竞争性领域，按照投资主体的不同，区分出了政府投资的概念。

2004年7月，国务院发布关于投资体制改革的决定，合理划分了政府投资的范围，提出"政府投资主要用于关系国家安全和市场不能有效配置资源的经济和社会领域，包括加强公益性和公共基础设施建设，保护和改善生态环境，促进欠发达地区的经济和社会发展，推进科技进步和高新技术产业化"。2016年，《中共中央国务院关于深化投融资体制改革的意见》进一步明确政府投资范围：政府投资资金只投向市场不能有效配置资源的社会公益服务、公共基础设施、农业农村、生态环境保护和修复、重大科技进步、社会管理、国家安全等公共领域的项目，以非经营性项目为主，原则上不支持经营性项目。

3.1.2 中国地方政府投资体制的演进

投资体制是投资活动中运行机制与管理制度的总称，主要包括投资主体、投资决策权、投资方式、投资范围以及投资资金管理等方面的运行机制与管理制度，核心是投资决策权的分配。

中国投资体制的演进主要就是投资决策权在中央和地方之间、政府与市场之间分配的演进过程。地方政府投资体制的演进也就是在中央集权的总体背景下，对地方分权的演进过程。

中国地方政府投资体制演进的过程可分为计划经济时期、经济转型期、完善社会主义市场经济体制阶段和全面深化改革等几个阶段。

（1）计划经济时期的地方投资体制。

计划经济的特点是中央高度集权，我国实行"统收统支"的财政管理模式，所有的收支集中由中央来管理。在投资体制上，政府是唯一的投资主体，投资决策权高度集中于中央，地方政府投资权力非常有限。

1949年到十一届三中全会期间，我国投资体制经历过多次集权与分权，"大跃进"和"文化大革命"期间的权力下放，虽然带来了一些问题，但也增加了地方政府管理投资的经验，基本形成了地方政府投资管理体系。

1952年颁布的《基本建设工作暂行办法》确立了中央和地方投资分权的模式：按照投资额度分权。《基本建设工作暂行办法》将投

第3章 中国地方政府投资及绩效管理的历史演进

资(基本建设)管理分为中央和大行政区①两个管理系统,将建设对象分为甲类、乙类、丙类和丁类,分别由中央和大行政区管理。其中,甲类建设单位为"全部投资在1000亿元②人民币以上者";乙类建设单位为"全部投资在限额(限额根据行业的不同另有具体规定)以上但在1000亿元人民币以下者";丙类建设单位为"全部投资在限额以下但在20亿元以上者";丁类建设单位为"全部投资在20亿元以下者"。甲类和乙类建设单位由中财委报政务院或由中财委批准,由中央管理,也就是限额以上的建设都由中央管理;丙类和丁类建设单位由大行政区、中央主管部(级别同大行政区)批准,主要由地方管理。1949年到"一五"计划时期,我国建立了一套较为完整的投资管理体系,成立了国家建设委员会作为基建管理的专门机构,国家统一安排建设物资,建立了一些基本建设投资管理制度等。投资管理体制以中央的高度集权为主,地方投资管理权限较少,"一五"计划时期,中央管理的项目投资占79%,地方直接管理的项目投资占21%(曹尔阶等,1992)。

"大跃进"期间,投资权力下放,形成了地方投资体系,但也导致了投资规模失控等问题。1958年,中央发布《中共中央关于在发展中央工业和发展地方工业同时并举的方针下有关协作和平衡的几项规定》,提出"适当改变基本建设的管理程序。各省、市、自治区兴办的限额以上建设项目,除了提出简要的计划任务书,其中规定产品数量、品种、建设规模、厂址和主要的协作配合条件,报送中央批准外,其他设计和预算文件,一律由省、市、自治区自行审查批准"。为了建立地方工业体系,简化了审批程序,下放了部分投资权力,中

---

① 1949年后,全国被划分为东北、华北、华东、中南、西北、西南六大行政区,除华北人民政府并入中央外,其他五个大行政区都设有大区一级的行政机构。1954年,撤销大行政区的建制。

② 新中国成立初期,因为战争的影响,通货膨胀比较严重,第一套人民币发行的面额也较大(面额最高5万元)。1955年中国人民银行发行第二套人民币,收回第一套人民币,1元新币兑换1万元旧币。所以此处的"亿元"相当于1955年之后的"万元"。

央只负责审批重大建设项目。"大跃进"鼓励地方建立工业体系，促进了地方投资，形成了地方投资体系。但在计划权、财权、审批权大量下放的情况下，基建项目大幅度增加，战线拉长，重点项目建设得不到保障。

"文化大革命"之前，中央提出了"三线建设"计划，加强在以西部为主的"三线地区"的投资建设。在投资管理上，1964年11月决定将地方农牧业、农业机械站和修理网、林业、农垦、水利、气象、水厂、高教、交通、商业、银行、卫生、科学、文化、广播、体育、城市建设等18个部门的投资划归地方统筹安排，中央不再下达建设项目和投资指标。"文化大革命"中又重提建立地方工业体系，积极发展地方的钢铁厂、煤矿、电站、机械厂、化肥厂等"五小企业"。至1975年，地方小工业企业产值占全国工业产值的49%，水泥、化肥占比超过50%。1970年，《"四五"计划纲要》改革了计划体制，提出在中央统一领导下，实行"由下而上，上下结合，块块为主，条块结合"的办法，然后在地区和部门计划的基础上制定全国统一计划。"块块为主"就是以地区为主，地方投资的权力也大大扩大了。1974年和1975年，地方投资占比已经达到27%（曹尔阶等，1992）。而因"文化大革命"期间长期的无政府状态，地方投资管理比较混乱，没有形成应有的管理效果。

（2）经济转型期的地方政府投资体制。

改革开放以后，中国经济体制进入从计划经济到社会主义市场经济的转型期。转型期的"放权让利"，逐渐形成了以地方政府为主要投资主体的投资体制。

十一届三中全会吹响了改革开放的号角，在实践中探索中国特色的社会主义的建设模式；1984年，十二届三中全会通过关于经济体制改革的决定，提出了有计划的商品经济的概念，突破了把计划经济同商品经济对立起来的传统观念；1992年的党的十四大报告中明确提出了以建立社会主义市场经济体制为改革目标。至此，中国经济转

第3章　中国地方政府投资及绩效管理的历史演进

型的目标明确为建立社会主义市场经济体制。

我国传统的投资体制是由政府包揽一切，以中央政府为投资主体，操作投资活动的全过程。其弊端是权力过度集中于中央政府，地方政府和企业几乎没有投资决策权，所有投资资金来自财政拨款，所有投资收益上缴财政，权责利没有有机结合，导致地方政府不担责的"投资饥渴症"，企业投资也存在较严重的低效率。投资体制改革就是要控制投资规模，提高投资效率，改善投资运行机制。

第一，投资资金来源多样化形成投资主体多元化，地方成为投资的主体。

改革开放伊始，为提高投资效率，增强地方政府积极性，中央实施了"放权让利"的政策。一是政府对企业的"放权让利"。1983年开始我国分两步对国营企业实施"利改税"，国营企业由原来上缴所有利润改为先上缴企业所得税，再上缴部分利润，最终实现企业留利，目的是提高企业效率，增强企业自主性。通过后来对企业实行的"承包制"和"股份制"改革，最终使企业成为我国市场的基本投资主体。"股份制"改革也使个人和金融机构成为间接投资主体，加上引进外资带来的外国投资者，中国投资领域逐渐形成了由政府、企业、外企、金融机构、个人构成的多元化投资主体。非政府投资主体的投资规模逐年扩大，超过了政府预算内的投资规模。传统上政府管理的投资领域也应该改变，政府已经不可能也没有必要控制所有投资主体的投资活动，市场竞争性领域应该以企业为主要投资主体。二是中央对地方政府"放权让利"。1980年，国务院颁发了《关于实行"划分收支、分级包干"的财政管理体制的暂行规定》，在我国启动"分灶吃饭"的财政分权改革。1988年，国务院发布了《关于地方实行财政包干办法的决定》，又实施了地方财政包干体制。地方政府有了一定的财力，则大大增强了地方政府的自主性，激发了地方政府投资的积极性。1988年，国家计委发布《关于投资管理体制的近期改革方案》明确要让地方政府承担更多重点建设的责任，地方政府逐渐成为政府投资的主体。表3-1显示，1978～1991年，中央基本建设投资规模都高于地方，自1992年明确建设社会主义市场经济体制后，地方基本建设规模开始高于中央。财政预算内的基本建设投资，1978年中央占比83.3%，到1985年就下降到了39.2%（陈申申，1987）。地方成为主要的投资主体。

表3-1　　　　按隶属关系分的基本建设投资　　　单位：亿元，%

年份	中央项目	中央占比	地方项目	地方占比
1978	266.43	53.18	234.56	46.82
1980	292.61	52.36	266.28	47.64
1985	575.24	53.54	499.13	46.46
1989	837.71	53.99	714.03	46.01
1990	919.15	53.95	784.67	46.05
1991	1060.44	50.12	1055.37	49.88
1992	1341.69	44.54	1670.96	55.46
1993	1834.9	39.76	2780.6	60.24
1994	2430.75	37.76	4005.99	62.24
1995	2970.67	40.12	4432.95	59.88
1996	3376.28	39.39	5194.5	60.61
1997	3858.22	38.91	6058.8	61.09
1998	4122.92	34.60	7793.51	65.40
1999	4046.79	32.49	8408.49	67.51
2000	4290.92	31.96	9136.35	68.04
2001	4399.47	29.69	10420.63	70.31
2002	4528.49	25.63	13138.13	74.37
2003	4147.48	18.10	18761.12	81.90

资料来源：2004年《中国统计年鉴》。

第二，投资管理上的简政放权，增强了地方政府投资的自主权。

1985年起国家将固定资产投资分为指令性计划和指导性计划，基本建设的投资主要采用指令性计划，预算内的资金由中央管理，自筹的资金由地方或部门管理；更新改造部分的投资，在中央指导下，由地方自主安排。1988年《关于投资管理体制的近期改革方案》提出全国性的重要的建设工程，由中央或以中央为主承担，区域性的重点建设工程以及一般性的建设工程，由地方政府承担。即实行中央、省区市两级配置，两级调控，加重了地方的重点建设责任。

改革开放后审批权逐渐下放。传统的投资管理实行项目审批制，中央审批的权力表现在项目规模的大小上，中央审批项目的规模越小，权力就越集中。新中国成立初期，所有规模以上的项目都由中央审批，地方没有决策权。"一五"时期规定地方政府可以审批60万元以下的投资项目。1983年国务院决定把基本建设和技术改造分别交由国家计委和国家经委管理，对投资建设实行两级（中央和省级）管理（席月民，2008），1000万元以下的小型项目下放给地方政府审批；1984年国家计委的《关于改进计划体制的若干规定》将审批权限提高到3000万元，低于标准的由地方政府审批；1987年把基础设施和基础产业的地方项目审批权限扩大到5000万元；2001年，国家计委宣布不再审批部分城市基础设施、社会投资的农林水利项目等5个投资领域的投资总额不高于2亿元的基本建设项目。按投资权决策权和受益权相一致的条件，地方政府出资的由地方计划部门审批（张汉亚，2008）。2003年，十六届三中全会提出政府只审批关系经济安全、影响环境资源、涉及整体布局的重大项目和政府投资项目及限制类项目，除此以外的项目全部改为备案制，由投资主体决策，这大大增加了地方政府投资的权力。

第三，地方政府投资的范围逐渐明确。

高度集中的投资体制下对地方政府下放投资权力，都是在可决策的投资规模上体现的，没有明确地方政府可以投资的范围。1988年《关于投资管理体制的近期改革方案》第一次明确了地方投资的具体范围，包括农业、林业、水利，本地区需要的能源、原材料工业，地方的交通运输、邮电通信设施，机电、轻纺工业，科技、教育、文化、卫生以及城市公用设施和服务设施等的建设。此时，虽然划分了中央和地方的投资范围，却还没有很好地区分政府和企业的投资领域。

1992年确立了社会主义市场经济路线后，我国将改革重点放在转变政府职能上，重在理顺政府与市场的关系。十四届三中全会提出，在投资领域应该由市场对资源配置的基础性作用，划分投资项目为公益性、基础性和竞争性三种。区分了政府和企业的投资领域，公益性项目由政府投资建设；基础性项目以政府投资为主，可以吸收社会资本参与投资；竞争性项目由社会资本投资。规范了政府的投资行为，政府退出竞争性项目，避免与企业争利。规定了公益性项目的范围，主要是指科技、教育、文化、卫生、体育、环保事业的项目，公、检、法、司等政权机关建设的项目，以及政府机关、社会团体办公设施、国防设施等。并明确规定，公益性项目主要由政府运用财政性资金，以拨款方式投资，而且绝大部分项目按受益范围由所在地方政府承担投资。此次改革奠定了政府投资范围划分的基础，1994年，我国在财政领域进行了分税制改革，实现了中央和地方的分权。随着改革的深入，中央和地方事权划分逐渐清晰，地方政府投资的范围也逐渐明确。

（3）完善社会主义市场经济体制阶段的地方政府投资体制。

2003年，中央通过《中共中央关于完善社会主义市场经济体制若干问题的决定》，我国社会主义市场经济体制初步建立，进入完善阶段。2004年，经过反复论证、征求意见，国务院颁布《关于投资体制改革的决定》，推出我国十一届三中全会以来最完整的投资领域的改革方案。

《关于投资体制改革的决定》提出的改革目标是"通过深化改革和扩大开放，最终建立起市场引导投资、企业自主决策、银行独立审贷、融资方式多样、中介服务规范、宏观调控有效的新型投资体制。"

改革的重点在于：①政府放松管制，明确企业为投资的基本主体。改革项目审批的制度,政府投资建设的项目,由政府进行审批,不再审批不使用政府资金的企业建设项目,政府对企业项目中的重大项目和限制类项目进行核准,其他的一般项目实行备案制。"核准制"核准的是少量的关系到国家经济安全、资源合理开发等方面的重大项目和限制类项目,由政府公布《政府核准的投资项目目录》来确定核准范围(此目录根据经济的发展状况和宏观调控的需要,定期修改)。对不在国家禁止和核准范围的项目,全部改为"备案制"。②规范政府投资行为,划分地方政府投资事权。政府投资主要用于关系到国家安全的和市场"失灵"的领域,包括公益性和基础性项目、生态环境项目、促进落后地区发展和推进科技进步的项目投资。政府投资项目审批权限应该按照项目性质、资金来源和事权划分,明确中央政府与地方政府之间的审批权、投资主管部门与具体投资部门之间的项目审批权。③改进对投资宏观调控的方式。主要运用经济、法律措施,以间接调控主,必要时采用行政手段。④加强对政府和社会投资的监督。建立了政府投资责任追究制度、政府投资项目后评估制度和社会监督机制,对投资中介机构也进行了监管。

经过改革,投资主体多元化、投资渠道多样化的局面基本形成,政府直接投资占比下降,地方投资项目占比大幅度增加。如表3-2所示,确立社会主义市场经济体制后,固定资产投资中预算内资金占比就已经大幅下降,1998年我国实施积极的财政政策,政府投资增加,比例有所上升,但2003年后逐渐稳定在5%左右。地方投资项目占比上升趋势明显,尤其是2008年遭遇金融危机冲击以后,地方政府投资规模进一步扩大。

表3-2 中国固定资产投资比例 单位:%

年份	中央投资占比	地方投资占比	国家预算内投资占比
1995	27.32	72.68	3.03
1996	27.82	72.18	2.68
1997	28.77	71.23	2.76

续表

年份	中央投资占比	地方投资占比	国家预算内投资占比
1998	27.22	72.78	4.17
1999	24.84	75.16	6.22
2000	23.93	76.07	6.37
2001	21.95	78.05	6.70
2002	18.39	81.61	7.02
2003	13.34	86.66	4.59
2004	12.75	87.25	4.37
2005	12.13	87.87	4.39
2006	11.63	88.37	3.93
2007	11.21	88.79	3.88
2008	11.55	88.45	4.35
2009	10.67	89.33	5.07
2010	9.44	90.56	4.55
2011	7.21	92.79	4.29
2012	6.51	93.49	4.63
2013	5.66	94.34	4.54
2014	5.28	94.72	4.92
2015	4.70	95.30	5.29
2016	4.48	95.52	5.87
2017	4.10	95.90	6.06

资料来源：由中国统计年鉴计算而得（此处固定资产投资包括了基本建设投资和更新改造投资）。

2008年在美国次贷危机的影响下，中国外贸出口大幅缩减，经济发展面临困境。为拉动经济增长，中国进行了大规模的政府投资，在"4万亿投资"规模中，中央承担1.18万亿元，地方政府承担了2.82万亿元。为增强地方政府的投资能力，2009年3月，财政部发布的《2009年地方政府债券预算管理办法》开始允许地方政府发行地方政府债券筹集建设投资资金。同年，中国人民银行与中国银行业监督管理委员会联合发布《关于进一步加强信贷结构调整，促进国民经济平稳较快发展的指导意见》，支持有条件的地方政府组建"投融资平台"，地方政府投融资平台发展加速。地方政府投融资平台的发展导致地方债务扩张过快，次年6月国务院发布《关于加强地方政府融资平台公司管理有关问题的通知》，要求加强对融资平台公司债务的管理。地方政府借债的冲动得到抑制，但投资需求仍然在增加。

（4）全面深化改革的地方政府投资体制。

2013年十八届三中全会发布《中共中央关于全面深化改革若干重大问题的决定》，中国进入全面深化改革的发展阶段。经济体制改革是全面深化改革的重点，核心问题是处理好政府和市场的关系，重点是大幅度减少政府对资源的直接配置。深化投资体制改革方面，要确立企业投资主体地位；企业投资项目，除关系国家安全和生态安全、涉及全国重大生产力布局、战略性资源开发和重大公共利益等项目外，一律由企业依法依规自主决策，政府不再审批。

为鼓励社会资本进入公共领域，2014年国务院发布《国务院关于创新重点领域投融资机制鼓励社会投资的指导意见》，鼓励社会资本通过特许经营等方式参与城市基础设施投资和运营。截至2018年1月末，全国PPP项目综合信息平台管理库中PPP项目共7446个，大部分项目是为地方政府提供基础设施等公共产品。

2016年7月，中共中央、国务院发布《关于深化投融资体制改革的意见》（以下称《改革意见》），第一次以中共中央的名义发布投资体制改革的文件。在政府投资体制改革方面提出：①进一步明确政府投资范围。政府投资资金只投向公共领域的项目，以非经营性项目为主。②优化政府投资安排方式。政府投资的资金按项目安排，由政府直接投资为主。③规范政府投资管理。要求编制三年滚动政府投资计划，与中期财政规划相衔接，规范使用各类财政性政府投资资金。④加强政府投资事中、事后监管。加强政府投资项目建设管理，严格投资概算、建设标准、建设工期等要求。⑤鼓励政府和社会资本合作

（PPP）。根据各地区各部门的需要和财力状况，在适当的公共领域，引入社会资本，扩大公共产品和服务供给。

地方政府投资体制则呈现三个特点：第一，地方政府投资责任更加明确。《改革意见》明确了政府投资范围为市场不能有效配置资源的公共领域；2016年8月，国务院发布的《关于推进中央与地方财政事权和支出责任划分改革的指导意见》提出要逐步将社会治安、市政交通、农村公路、城乡社区事务等受益范围地域性强、信息较为复杂且主要与当地居民密切相关的基本公共服务确定为地方的财政事权，除国家安全、全国性重大传染病防治和自然资源使用等之外，大部分提供公共产品的政府投资是由地方政府来承担责任的。第二，明确了地方政府投资的方式。地方政府投资应该以直接投资为主，但地方政府投资存在资金短缺、管理经验不足等问题，《改革意见》明确鼓励政府与社会资本合作，通过特许经营、政府购买服务等方式增加地方公共产品的投资。第三，拓宽了地方政府投资的融资渠道。与投资体制改革不同，《改革意见》首次以"投融资"的名词发布改革意见，不仅要解决投资的问题，还要解决融资的问题。地方政府投资除利用政策性、开发性金融机构的资金外，还可以利用专项建设基金，以资本金注入、股权投资等形式融资。

3.1.3 中国地方政府投资模式的演进

地方政府投资的方式一直是多样的，但在每个阶段都会有一种主要的投资模式。从新中国成立初期的中央集权到改革开放后的财政分权，中国地方政府投资模式经历了从规范基本建设投资程序，到招投标，到代建制，到政府与社会资本合作的一个逐渐发展的过程。

（1）改革开放前，探索规范基本建设投资程序。

新中国成立初期政府的投资以基本建设管理为主。由于缺乏投资经验，基本建设投资走了很多弯路，地方政府甚至没有掌握基本的建

第3章　中国地方政府投资及绩效管理的历史演进

设程序，急于求成，一些工程仓促上马，出现了边勘察、边设计、边施工的"三边工程"，造成了一些浪费。1951 年发布的《基本建设工作程序暂行办法》和 1952 年颁布的《基本建设工作暂行办法》规定了设计、施工、监督拨款与检查、验收交接与工程决算的基本建设工作程序，形成了建设程序的基本规范。但在"大跃进"和"文化大革命"期间又打乱了这些程序，"三边工程"死灰复燃，基本建设投资又陷入混乱。"文化大革命"结束后，为了整顿投资秩序，1978 年，国家计委、国家建委、财政部联合发布《关于加强基本建设管理的几项规定》《关于基本建设秩序的若干规定》《关于加强自筹基本建设管理的规定》《关于加强基本建设概、预、决算管理工作的几项规定》等文件，对以前不规范的做法进行了拨乱反正，形成了比较科学的基本建设投资程序，使我国投资管理逐渐走向科学化、规范化。

（2）改革开放后的投资包干、设立投资公司、全面实施招投标制。

第一，实施投资包干制。为解决基本建设投资中吃"大锅饭"、投资效率低等问题，1980 年我国试行投资包干责任制，就是对投资项目进行包干，节约的资金由包干者管理。1983 年，国家计委发布《基本建设项目包干经济责任制试行办法》，采取建设单位对主管部门包干、下级对上级包干等"包投资、包工期、包质量、包主要材料用量、包形成综合生产能力"的包干制。

第二，设立投资公司。1988 年国家计委发布《关于投资管理体制的近期改革方案》加强了地方的建设责任，扩大了企业的投资决策权。在投资模式上决定成立投资公司，用经济办法对投资进行管理。当年成立了国家农业、林业、能源、交通、原材料、机电轻纺六大专业投资公司，管理政府经营的项目投资。各个省区市也纷纷成立了地方建设投资公司，一般是综合性公司，不同于中央的专业投资公司。投资公司成立后，政府主管部门不再直接管理经营性项目的投资，而是由投资公司直接管理建设项目，有利于增强建设项目的投资效益。由于改革不充分，投资公司产权关系未理顺，缺乏自主权，因此此政策未达到预期改革目标。

第三，全面实施招标投标制。1988年的改革方案要求全面实施招标投标制，充分发挥市场和竞争机制在建设实施中的作用。之前建设工程承包由主管部门行政安排，不能有效提高施工单位的积极性。1981年，深圳特区首次以招标方式安排工程。1984年发布的《建设工程招标投标暂行规定》，使招投标制度迅速在全国各地开展起来。招标包括项目（新建项目）招标和工程（设计、施工、设备采购）招标。项目招标主要是由投资公司代表政府向社会招标；工程招标主要由有资格的设计、施工单位和企业或企业集团参加。大型项目的招标必须在全国范围内进行，增加市场竞争。

（3）确立社会主义市场经济体制后的项目业主责任制、项目法人责任制、代建制、地方投融资平台。

第一，项目业主责任制。1992年，我国确立了建立社会主义市场经济的发展目标，国家计委开始研究制定能够适应经济和社会发展的系统的投资体制改革方案。1992年11月，国家计委印发了《关于建设项目实行业主责任制的暂行规定》，要求自1992年起，新开工项目和进行前期工作的全民所有制单位基本建设项目，都应该实行项目业主责任制。业主责任制中的"业主"是指由投资方派代表组成的项目（企业）管理班子；业主的组织形式可以是董事会，也可以是政府的管委会；业主的职责和权力是对项目的筹划、筹资、建设实施及生产经营实施实行全过程负责。单一由政府投资的新建项目，由管理委员会作为业主管理项目，实质上还是由政府管理。企业投资的，由于没有建立现代企业制度，也没有从根本上解决投资责任制的问题。

第二，项目法人责任制。国家计委于1996年3月发布《关于实行建设项目法人责任制的暂行规定》，要求国有单位经营性基本建设大中型项目在建设阶段必须组建项目法人，由项目法人对项目的策划、资金筹措、建设实施、生产经营、债务偿还和资产的保值增值，实行全过程负责。文件要求按现代企业制度的原则组建起规范的项目法人，并规定了对项目法人的组织形式、职责、干部的任命、奖惩措施，有利于提高经营性基本建设项目的投资效率。

第三，代建制。各地政府在不断探索政府直接投资模式，厦门市1993年在深化工程建设管理体制改革中开始试点代建制，上海、北京、武汉等地也纷纷开展代建制试点。2002年，建设部发布《关于印发建设部2002年整顿和规范建筑市场秩序工作安排的通知》提出了政府投资工程代建制，2004年《关于投资体制改革的决定》则明确提出"对非经营性政府投资项目加快推行'代建制'"。

上海、广州、海南试点"委托代理合同"的代建制模式。政府投资主管部门下设具有法人资格的建设工程项目法人，由项目法人以招标投标方式选定一个代建单位，由项目法人作为委托方，与代建单位（作为受托一方）签订代建合同。

重庆、宁波、厦门和贵州试点"指定代理合同"的代建制模式。由政府投资主管部门以招投标方式选定一个代建单位，由该代建单位，与作为项目使用单位签订代建合同。

北京、武汉、浙江试点"三方代建合同"的代建制模式。由政府投资管理部门与代建单位、使用单位共同签订"三方代建合同"。

代建制采用合同的方式建立了管理者、代建制和使用者之间的契约关系，能够更好地各司其责，提高政府投资效率。但代建制也形成了各利益相关者的委托代理关系，需要以较完善的制度进行约束。

第四，地方投融资平台。2008年美国次贷危机以来，中国地方政府投资规模大大增加，地方投融资平台成为地方政府投资的最活跃投资主体。地方政府投融资平台实际上是指地方政府组建的不同类型的城市建设投资公司、城建开发公司、城建资产经营公司等各种公司，地方政府主要以土地收益作为承诺，利用平台公司进行融资，所得资金重点用于市政建设、公用事业项目建设。地方投融资平台较好地解决了地方政府投资的资金缺口问题，但也为地方政府带来了沉重的债务负担。

（4）新时代的政府与社会资本合作模式（public-private partnership，PPP）。

2013年十八届三中全会以后，中国进入全面深化改革的阶段，为鼓励社会资本进入公共领域，增强地方政府的公共产品供给能力，国务院发文鼓励社会资本通过特许经营等方式参与城市基础设施投资和运营，开始广泛推广政府与社会资本合作（PPP）的政府投资模式。

政府与社会资本合作模式（PPP）泛指政府部门与私人部门为增加公共产品或服务的提供而形成的各种合作关系。财政部指出，政府和社会资本合作模式（PPP）是在基础设施及公共服务领域建立的一种长期合作关系。狭义上的政府和社会资本合作则指具体的合作方式，即财政部文件所指：通常模式是由社会资本承担设计、建设、运营、维护基础设施的大部分工作，并通过"使用者付费"及必要的"政府付费"获得合理投资回报；政府部门负责基础设施及公共服务价格和质量监管，以保证公共利益最大化。政府通过政府和社会资本合作模式向社会资本开放基础设施和公共服务项目，可以拓宽地方政府投资的融资渠道，形成多元化、可持续的资金投入机制，也有利于激发民间投资活力，拓展企业发展空间。

财政部认为，PPP是政府与社会资本为提供公共产品或服务而建立的"全过程"合作关系，以授予特许经营权为基础，以利益共享和风险共担为特征，通过引入市场竞争和激励约束机制，发挥双方优势，提高公共产品或服务的质量和供给效率。PPP项目可以由政府发起，也可以由社会资本发起，政府与社会资本合作的项目要经过项目识别、项目准备、项目采购、项目执行、项目移交的全过程。合作方式可以是外包、特许经营等方式。外包一般是由社会资本承包政府投资的整个项目中的一项或几项职能的，具体有模式外包（服务外包、管理外包）和整体式外包。特许经营方式需要社会资本部分参与或全部投资，与政府部门分担项目风险，共享项目的收益，常见形式有：BOT（build-operate-transfer，建设—经营—转让）、BT（build-transfer，建设—移交）、TOT（transfer-operate-transfer，即移交—经营—移交）等模式。

3.2 中国地方政府投资绩效管理的制度演进

政府投资的效率问题一直是投资资金管理的重要内容。中国政府投资的绩效管理经历了一个由避免浪费到追求效率，再到绩效评价的过程。

3.2.1 改革开放前的计划管理

新中国成立初期，我国财政紧张，政府投资能力不足而投资需求巨大，投资管理追求的目标是投资资金科学使用，尽量减少浪费。所以当时的绩效目标主要考虑的是经济性（节约性）。

（1）"计划"管理提高投资的宏观效率。

新中国成立初期，我国学习苏联经验建立了计划经济模式。计划经济能够高度有效地集中人力、财力和物力进行重点建设。计划管理也就是有计划地分配资源，以求使资源达到最合理的利用，减少资源浪费。"计划"本身就是提高资金的使用效率的手段。所以我国早期投资管理目标就是要尽量将所有的投资都纳入计划管理中，在宏观布局中将资源用在合理的地方，也就是提高资源配置的宏观效率。

新中国成立初期，我国因财力有限，投资较少，对投资也没有统一的计划管理。1951年和1952年发布的《基本建设工作程序暂行办法》和《基本建设工作暂行办法》，将基本建设纳入了计划管理。此后至1967年纳入计划管理的基本建设包括新建项目，也包括作为更新改造的改建和扩建项目（刘礼欣和曹尔阶，1984）。1967年开始，企业的折旧基金不再上缴财政，为了补充更新改造，财政还拨出了一部分资金来支持企业的挖潜、革新、改造，更新投资基本不再纳入基本建设管理。国家计划上只管基本建设投资这一块，大量的企业更新改造投资被排除在国家建设计划之外。1982年开始，国家对基本建设投资和技术改造投资编制统一的固定资产投资计划，又将更新改造部分的投资纳入计划管理。当时认为固定资产投资全部纳入计划管理有利于整体上控制投资规模，避免规模失控，也是为了节约资金。之后，理论界逐渐认识到计划管理的局限性，需要培育企业成为基本投资主体，以市场的方式配置资源可能更有效。

（2）建立科学的工作程序，提高投资的微观效率。

虽然"计划"的产生就是为了提高资金的使用效率，但在实践中，即使"计划"是合理的，仍然会因为执行过程的不科学而产生资源的浪费。1949年到改革初期，我国投资领域不断出现因工作程序问题导致的严重浪费，也不断地在建立健全投资的工作程序。

由于经济建设经验不足，新中国成立初期出现了一些建设项目仓促上马，又因不合格而返工的浪费现象。1951年和1952年发布的《基本建设工作程序暂行办法》和《基本建设工作暂行办法》建立了先设计后施工的基本建设工作程序，提出了"提出计划任务书—设计—施工—竣工验收"的建设程序。然而，"大跃进"期间，为了能够大干快上，否定了原有的规章制度，把所谓"边勘查、边设计、边施工、边投产"的"四边"当作经验推广，破坏了基本建设的管理，造成了严重的浪费。1962年中共中央、国务院发出《关于严格执行基本建设程序、严格执行经济合同的通知》，除了恢复"一五"时的程序外，又更加强调了基本建设的前期工作，扩大了编制设计任务书的项目范围。"文化大革命"期间,"大跃进"时盛极一时的"三边""四边"项目又卷土重来,基本建设程序又被破坏,再次形成严重浪费。"文化大革命"后,国家再一次严格执行基本建设程序,严禁盲目建设和重复建设。进一步加强建设前期的管理,要做好经济技术论证、可行性研究和勘察设计工作。

(3) 以银行管理投资资金,提高资金使用效率。

1950年以前,基本建设投资拨款是由财政部门直接拨给工业部门,往往造成资金挪用,形成浪费。当时根据苏联经验,要设立专业银行来管理拨款。

交通银行成为首家管理基建拨款的专业银行。1951年2月,中国人民银行指定交通银行办理国家对基本建设投资的拨款,主要的工作是及时供应建设资金,监督资金合理使用;为财政调动资金;管理重点工程;核算按工程进度结算的工程款(曹尔阶等,1992)。

1954年9月,在交通银行原有机构和人员基础上成立了专门办理基本建设投资拨款监督工作的专业银行——中国人民建设银行。成立专门管理拨款银行的目的是要建立财政部门与建设部门之间的具体联系,因为财政部门作为拨款单位,要面对若干使用资金的建设单位,很难做到逐个监督。通过专业银行拨款,建设单位的资金使用情况都能为银行所掌握,有利于提高资金使用效率。随着"大跃进"的开始,建设银行的存在与全面放松投资管理的形势格格不入,因为建设银行要求资金按计划使用,无计划不能拨款。1958年,建设银行被撤并入财政部。"大跃进"后,1962年恢复了建设银行的建制。"文化大革命"一开始,建设银行因为管理严格,成为"修正主义的产物",1967年财政部和中国人民银行合署办公,建设银行改为财政部门的基建财务部门。建设银行撤并后,地方基建投资缺乏管理,出现三年地方基本建设报不出决算的情况,资金完全失去了管理。意识到问题的严重性,1972年恢复了建设银行的建制,但损失已经难以弥补。

建设银行一经成立,就一直发挥着沟通了拨款和被拨款方的作用,使财政部门从具体监督中解脱出来。建设银行还承担着基本建设项目的决算、预算、财务管理等职能,加强了对建设单位的监督,能够在资金的使用上最大限度地提高资金使用的效率。通过建设银行对建设单位的资金使用审查和监督,客观上也提高了建设单位的投资效率。

3.2.2 追求经济效益的投资"拨款改贷款"

我国基本建设投资资金长期依靠财政无偿拨款,投资效率低下,浪费严重。为提高投资效益,1979年8月,国务院批准了《关于基本建设投资实行贷款办法的报告》,基本建设投资的资金来源由原来的财政拨款改为银行贷款,拉开了投资"拨改贷"的序幕。

(1) 投资"拨改贷"改革的主要目的是提高投资效益。

改革前,不管是国营企业还是行政事业单位,基本建设投资的资金来源都是财政无偿拨款。由于资金无偿使用,各部门和建设单位只考虑对资金的需求,不考虑投资效果,对投资资金的管理和使用都缺乏投入产出观念。所以全国普遍地存在着各个单位和企业盲目争项目、争投资的"投资饥渴症"现象。一些单位争取到项目后,建设不积极,不少建设项目工期一拖再拖,概算一超再超,造价越来越高,投资效果很差,导致基本建设"战线过长、投资分散、管理不严、浪费不小"。

(2) 投资"拨改贷"改革过程经历波折。

1979年开始,国家在电力、轻纺、建材等行业进行了基本建设投资拨款改贷款工作的试点。试点主要在北京、上海和广东进行,选择了一些产品有销路、生产条件较好、能够还本付息的项目进行改革。因为由无偿拨款改为有偿贷款,企业为获得还款资金,必须追求经济效益,从而提高投资效果。到1984年,累计发放"拨改贷"投

第3章　中国地方政府投资及绩效管理的历史演进

资100多亿元。从实践看，实行拨改贷的试点项目大多收到了工期短、造价低、质量好、投资效益高的效果（姜伟新和李德，1985）。

1984年12月，国家计委、财政部、建设银行联合发布《国家预算内基本建设投资全部由拨款改为贷款的暂行规定》，决定从1985年开始，将国家预算内基本建设投资全部由财政拨款改为银行贷款，原来国家预算安排的投资全部取消。这一不加区别的改革使非营业性项目陷入困境。对于企业的基本建设投资，通过"拨改贷"可以通过增加其还款压力，提高其投资效益；但对于包括国防、学校、医院、研究机构、行政机关等在内的非营业项目，没有收入的渠道，也就没有还款来源，偿还投资贷款几乎是不可能的。因此，1985年12月，《调整国家预算基本建设投资拨款改贷款范围等问题的若干规定》将国防科研、行政事业单位、各级各类学校等10类没有还款能力的建设项目恢复为财政拨款的方式。1988年实行基本建设基金制后，原来的"拨改贷"办法停止使用。

（3）投资"拨改贷"的改革效果不显著。

"拨改贷"的效果是在一定程度上增强了企业的投入产出意识，树立了投资效益的观念。改革后投资资金由无偿使用到需要还本付息，企业需要增加盈利来承担还款压力，客观上增强了投资效果。但从整体看，"拨改贷"的改革效果有限。"拨改贷"投资的运行机制是"计委定、财政拨、建行管"，即：计委决定财政资金的投向，主管部门安排项目投资，财政负责筹措投资资金，建设银行负责将资金拨付到各个建设项目上去，同时按照合同规定和贷款回收计划组织资金回收，并上缴财政。建设银行实际上不是贷款主体，和贷款对象没有形成借贷关系，只是一个经办机构，也就难以约束贷款对象。"拨改贷"也没有解决投资的资金来源问题，大部分贷款资金来自财政经常性收入，对企业来说，认为"拨改贷"的贷款是国家投资，视其为软贷款或拨款，存在着观望和豁免的心理，能不还就不还，因此"拨改贷"回收困难重重。至1988年，全国预算内基本建设投资"拨改贷"累计金额达到826亿元,累计回收本金和利息近70亿元(曹尔阶等,1992)。投资"拨改贷"没有达到改革的预期效果。

3.2.3 提高地方政府投资效率的投资评审制度

财政投资评审制度是财政部门通过对财政性资金投资项目预(概)算和竣工决(结)算进行评价与审查,对财政性资金投资项目资金使用情况,以及其他财政专项资金使用情况进行专项核查及追踪问效的制度。对政府的投资项目进行评审一直是我国投资管理一项重要内容。1999年,财政部建立投资评审中心后,才真正意义上形成了投资评审制度。

(1)1999年之前的投资评审以监督资金的使用规范为主。

1952年的《基本建设工作暂行办法》规定的程序要求基本建设项目在投资前要提出计划任务书,在工程竣工后要组织验收,就是一定形式的投资评审。1954年,建设银行成立时,《关于设立中国人民建设银行的决定》要求中国人民建设银行除办理基本建设拨款结算业务外,还应该监督基本建设资金专款专用,并对建设单位和包工企业的资金运用、财务管理、成本核算以及投资计划完成情况进行检查。实际上是将投资评审的责任交给了建设银行。1980年,财政部决定对于基本建设、建筑安装、地质勘探单位的预算、收支计划、决算继续委托建设银行管理。1983年,建设银行开始逐步开展项目评估工作。1994年,我国先后实施了财政体制改革、投资体制改革和金融体制改革,中国人民建设银行更名为中国建设银行,由专业银行转向商业银行,政府投资和企业投资也明确做了区分,中国建设银行不再具备继续行使财政投资评审职能的条件。财政部进行了职责范围调整,收回了一部分原来由建设银行代行的财政职能。1994年6月,福建省厦门市成立了全国第一家基建投资的审核机构。此后,沈阳

第 3 章 中国地方政府投资及绩效管理的历史演进

市、太原市、吉林省、湖南省等地方财政部门纷纷组建机构和评审队伍,针对各地方政府的投资开展评审工作(贺玉明和李浩,2002)。1998 年我国进行国务院机构改革,财政部开始筹建"投资评审中心"。

(2) 1999 年之后建立追求政府投资效率的投资评审制度。

1998 年,亚洲金融危机冲击我国经济,我国开始采取积极的财政政策,一方面财政收入减少;另一方面又需要增加开支刺激经济增长,财政收支矛盾增大。政府开始通过发行国债筹集资金进行基础设施项目投资。因为用于政府投资的资金来自债务收入,偿债压力要求提高政府投资效率;财政收支矛盾增大也要求全面提高财政支出效率。1998 年,按照政企分开、企业不再行使政府职能的机构改革要求,财政部彻底收回了建设银行对基本建设项目概、预、决算的审查及监管等职能。为了加强对财政性投资的管理,1999 年 4 月财政部成立投资评审中心,各地财政部门也纷纷成立财政投资评审机构。财政部门真正承担起了政府财政性投资项目的评审工作。

为建立财政投资评审制度,财政部 1998 年发布《关于加强建设项目工程预(结)算、竣工决算审查管理工作的通知》,1999 年发布《财政部门委托审价机构审查工程预(结)算、竣工决算管理办法》和《关于财政性基本建设资金投资项目工程预、决算审查操作规程的通知》,2000 年发布《财政性投资基本建设项目工程概、预、决算审查若干规定》等一系列文件,初步构建了由财政部门委托审价机构对所有国家财政性(包括预算内、外)资金安排的建设项目进行审查的规章制度。2001 年,财政部印发了更加明确的《财政投资评审管理暂行规定》,取代了前面四个文件;2009 年,财政部印发了最终的《财政投资评审管理规定》,投资评审制度得到进一步完善。

2009 年以后我国加强了预算的绩效管理工作,2014 年 8 月财政部印发《中共财政部党组关于调整内设机构及职责的决定》,将投资评审中心更名为预算评审中心,扩大了评审中心的职能。各个地方财政部门也纷纷更改了投资评审中心,调整了评审中心的职能。

(3) 财政投资评审制度取得了一定的效果。

我国财政投资评审的范围主要包括对财政预算内基本建设资金、预算内专项资金、政府性基金(包括预算外)资金、政府性融资等各种资金安排的建设项目,还包括需要进行专项核查及追踪问效的其他财政性投资项目。

财政投资评审注重的是政府投资资金使用过程和结果的有效性,主要审核项目预决算的真实性、准确性、完整性和时效性,审核投资过程中资金使用的合理性和准确性,也审核项目建成运行情况或效益情况。投资评审制度建立以后,对我国各级政府投资的效率带来了明显的改善,效果逐年提升。自1999年我国各级财政投资评审机构成立以来,评审政府投资项目规模持续增加,取得了一定的效果。2014年,全国财政评审资金总额达46969亿元,为2006年6700亿元的7倍多,年均增长27.56%。其中,仅预算(含概算)评审一项2014年就达到24388亿元,审减不合理资金3134亿元,审减率达12.85%,有效提高了财政资金使用效益(鲍睿宁,2015)。

3.2.4 建立绩效评价制度,加强预算绩效管理

绩效评价是根据设定的绩效目标,运用科学、合理的评价指标、评价标准和评价方法,进行客观、公正的评价过程。与投资评审相比,投资评审审核资金使用效益,而绩效评价更注重评价绩效目标和目标实现的程度;投资评审主要针对政府投资,而绩效评价则针对包含政府投资在内的所有财政预算资金。

20世纪80年代,西方国家爆发了以绩效为核心的"新公共管理运动",1993年,美国通过《政府绩效与结果法》,正式实施以顾客为导向、结果为导向的绩效管理。2001年,小布什完善了克林顿的

第3章　中国地方政府投资及绩效管理的历史演进

政府绩效管理制度。我国1998年提出建设公共财政，即满足社会公共需要的财政制度，要以服务对象为目标。又由于1998年我国财政收支矛盾加剧，中央和地方就纷纷开始探索以提高财政绩效为目标的绩效评价工作。我国财政支出绩效评价试点的特点是地方先行试点积累经验，中央试点后推广执行，地方绩效评价在中央的引导下大规模展开。

(1) 地方先行试点财政绩效评价。

2001年，湖北在恩施州选择了教育、农业等5个行政事业单位，进行预算支出绩效评价试点，开始了绩效评价的最早探索。2002年，湖北在全省范围内扩大试点，2004年，湖北省财政支出体系正式启动，湖北省财政厅成立了行政事业资产管理处（绩效评价处）。2005年，湖北省颁布了《湖北省省级部门预算项目支出绩效考评管理办法（试行）》，2006年湖北省财政厅下发了《省财政厅关于加强市县级财政支出绩效评价试点工作的通知》（孙克竞，2012）。

2001年，北京市选取目标单一、易于评价的教科文领域进行绩效评价课题研究工作，根据课题研究成果，2002年北京市出台《财政专项资金项目绩效评价办法》和《教科文部门项目支出绩效考评管理暂行办法》，选取部分财政支出项目，并且建立财政支出绩效考评指标体系。2004年，北京市财政局对2个农业项目和8个教育项目进行了绩效评价的试点。2006年，北京市财政局成立了专门的绩效评价处，并逐步扩大了绩效评价的范围。

广东省的绩效管理改革一直走在全国的前列，2003年开展了第一个财政支出项目绩效评价试点；2004年在全国第一个成立了省级绩效评价职能处室，专司绩效评价工作，率先制定了绩效评价方案——《广东省财政支出绩效评价试行方案》，制定了绩效评价内部协调工作制度、中介机构参与绩效评价的办法等，为全国绩效评价工作提供了一个参考蓝本；2005年广东省开始全面实施省级部门预算的自我评价和500万元以上及跨年度的项目的自我评价；2008年，广州市出台《广州市财政支出项目绩效评价试行办法》。

2004年,河南省财政部门试点开展了对辖区内农村卫生院的补助资金的绩效评价;2005年江苏省财政部门开展了对辖区内义务教育支出的绩效评价;2005年辽宁省建立了专项资金绩效评价机制;2005年开始,上海市浦东新区对部分公共支出资金开展了连续评价;2005年安徽省财政厅颁发《安徽省省本级项目支出绩效考评管理办法(试行)》;2007年福建省财政厅下发了《福建省政府投资项目绩效考评管理办法(试行)》。

2005年之后,全国各地方政府普遍地开展了绩效评价试点工作。

(2)中央财政建立绩效评价制度。

2000年7月,财政部教科文司成立了政府公共支出绩效考评课题组,对美国、英国、加拿大等国进行了考察。2002年10月,财政部教科文司率先在其分管范围内进行了绩效评价试点。2002年财政部印发的《中央本级项目支出预算管理办法》(试行)中,规定要对中央本级预算安排的项目的实施过程以及结果开展绩效考评。2003年4月财政部出台了第一个绩效评价文件——《中央级教科文部门项目绩效考评管理试行办法》,同年9月财政部发布了《中央级行政经费项目支出绩效考评管理办法》,并制定了《中央级行政经费项目支出考评指标》。

党的十六届三中全会提出了"建立预算绩效评价体系"的要求,预算支出绩效评价理论研究和实践工作在中央部门逐步开展。财政部连续出台文件,推进绩效评价工作。2005年,财政部出台《中央部门预算支出绩效考评管理办法(试行)》,将绩效考评的范围由原来的单个支出项目扩展到整个部门预算,成为我国绩效评价一个具有里程碑意义的文件。2005年之后中央扩展了绩效评价的范围,主要集中在教科文、县乡财政困难、扶贫和交通等方面。财政部绩效评价文件汇总如表3-3所示。

第3章 中国地方政府投资及绩效管理的历史演进

表 3-3　　财政部绩效评价文件汇总

序号	年份	文件名称
1	2003	中央级教科文部门项目绩效考评管理试行办法
2		中央级行政经费项目支出绩效考评管理办法（试行）
3	2004	中央级农口部门项目支出绩效考评实施办法（试行）
4		中央经济建设部门项目绩效考评管理办法（试行）
5		财政部关于开展中央政府投资项目预算绩效评价工作的指导意见
6	2005	中央级教科文部门项目绩效考评管理办法
7		缓解县乡财政困难工作绩效评价暂行办法
8		财政扶贫资金绩效考评试行办法
9		中央部门预算支出绩效考评管理办法（试行）
10	2007	中央级民口科级计划（基金）经费绩效考评管理暂行办法
11		交通预算项目绩效考评管理试点办法
12	2008	财政专项扶贫资金绩效考评试行办法
13	2009	金融类国有及国有控股企业绩效评价暂行办法
14		财政支出绩效评价管理暂行办法（财预〔2009〕76号）
15	2011	财政支出绩效评价管理暂行办法（财预〔2011〕285号）
16		中央财政林业科技推广示范资金绩效评价暂行办法
17	2012	财政部关于开展2008~2011年中央国有资本经营预算支出项目绩效评价工作的通知
18	2013	中央财政现代农业生产发展资金绩效评价办法
19		预算绩效评价共性指标体系框架
20	2014	地方财政管理绩效综合评价方案
21		江河湖泊生态环境保护项目资金绩效评价暂行办法
22	2015	城镇保障性安居工程财政资金绩效评价暂行办法
23		财政部关于印发《中央对地方专项转移支付绩效目标管理暂行办法》的通知
24	2016	关于印发城市管网专项资金绩效评价暂行办法的通知
25	2017	关于印发《水污染防治专项资金绩效评价办法》的通知
26		关于印发《财政专项扶贫资金绩效评价办法》的通知
27	2018	中共中央 国务院发布关于全面实施预算绩效管理的意见
28		关于推进政府购买服务第三方绩效评价工作的指导意见
29	2019	关于印发《中央水库移民扶持基金绩效管理暂行办法》的通知

2008年，受美国次贷危机冲击，我国财政收支矛盾加剧，为使有限的资金得到有效的利用，中央加紧了对地方绩效评价工作的引导。2009年出台了全国性的《财政支出绩效评价管理暂行办法》(财预〔2009〕76号)，2010年5月，财政部预算司成立了预算绩效管理处，专门负责中央部门财政支出绩效管理工作和对全国财政支出绩效管理工作，界定的职能包括：负责制定预算绩效目标设立、绩效实施和监控、绩效评价以及评价结果反馈和应用相关的制度办法和政策措施；组织和指导中央部门、中央对地方转移支付预算绩效管理工作；指导地方财政部门开展预算绩效管理工作等。2011年颁布《财政支出绩效评价管理暂行办法》(财预〔2011〕285号)取代了2009年的办法，绩效评价工作正式在全国范围内展开。2013年还发布了《预算绩效评价共性指标体系框架》来指导绩效评价工作。

2014年8月31日，《预算法》修正案获得通过。新《预算法》第三十二条规定预算编制应该"参考上一年预算执行情况、有关支出绩效评价结果和本年度收支预测"，第57条要求"各级政府、各部门、各单位应当对预算支出情况开展绩效评价"。预算支出的绩效评价首次上升到法律层面。之后，绩效评价工作逐渐细化，相继开展了在"江河湖泊生态环境保护""城镇保障性安居工程""城市管网""水污染防治""财政专项扶贫资金""政府购买服务""水库移民扶持基金"等具体项目的绩效评价。

2018年9月，中共中央国务院发布《关于全面实施预算绩效管理的意见》，提出加快建成全方位、全过程、全覆盖的预算绩效管理体系的意见，开始推动全面的预算绩效管理。

3.3 小 结

中国政府投资的概念是一个演进的过程，经过了新中国成立初期

第3章 中国地方政府投资及绩效管理的历史演进

学习苏联的基本建设投资，到改革开放后形成的固定资产投资，再到确立了社会主义市场经济后政府退出竞争性领域，最终形成了中国的政府投资的概念。

与投资概念演进相伴随的是中国投资体制的演进，由"统收统支"的中央集权的投资体制，到改革开放后对地方"放权让利"形成了地方政府投资体制，再到2004年《关于投资体制改革的决定》明确了政府投资的范围，划分了地方投资事权，十八届三中全会后又强调了"投融资"体制的建设。政府投资的范围虽已基本明确，但仍须进一步细化中央和地方政府的投资责任划分。

在投资模式上，新中国成立初期建立了基本建设的程序，改革开放后为提高投资效率开展了投资包干制，明确社会主义市场经济道路后，在投资模式上分别采用了项目业主责任制、项目法人责任制、代建制、地方投融资平台、政府与社会资本合作等形式。投资模式多样化已经形成，但仍须规范发展。

地方政府投资的绩效是一直以来投资管理的重要内容。计划经济时代的"计划"就是为了提高效率，因为理论上计划可以更合理地分配资源，但实践中，计划没有使资源分配更合理，反而使投资失去了效率。为了提高投资效率，我国进行了"投资拨款改贷款"改革，随后建立了对政府投资开展的投资评审制度，2000年以后逐渐建立了对政府投资项目进行绩效评价为核心的绩效管理制度。

财政分权下的
地方政府投资绩效
问题研究

Chapter 4

第4章 中国地方政府投资规模的估算

第 4 章　中国地方政府投资规模的估算

改革开放四十年来，在中国"摸着石头过河"的渐进型改革中，中国政府部门尤其是地方政府部门始终扮演着重要角色。张五常（2017）和郑永年（2013）等认为基于"行为联邦制"的财政分权制度架构与重塑了中央与地方的权利关系变革，并形成了"元细胞"式的地方政府横向竞争格局，地方政府在财政收支、政府投资、制度环境以及公共服务等维度形成全方位的竞争态势。

地方政府投资作为财政支出中重要的核心节点，体现着政府引导经济发展的战略方向，而且在刺激经济、推动就业、改善民生、保障公共服务均化等方面发挥着重要作用。2008 年的世界金融危机抑制了中国的生产动能，中国经济增速大幅下跌。为防止出口增速下滑对实体经济和就业造成的损害，中央推出了"4 万亿投资计划"，地方政府相应地进行投资配套跟进，争相设立投融资平台以筹集资金，在"晋升激励"的刺激下形成横向的投资竞争。地方政府投资的规模逐年扩大。

4.1　中国地方政府投资的制度基础与现实背景

在中国从计划经济向市场经济的渐进转型中，合理有效地界定中央和地方政府的权利和义务关系是中国改革的一个核心和难点问题。西方式大国宪制改革的历史经验表明，彻底的放权往往会弱化中央对地方的有效约束，并进一步阻碍统一市场的形成和经济效率的提升。在经历了政治上的多党合作和政治协商、民主集中制以及经济上的计划经济和"分灶吃饭"等一系列探索性的改革以后，中国现行的中央和地方关系大致上可以表述为"政治上集权"和"经济上分权"的治理模式。以 1994 年的分税制财政体制改革为开端，地方政府基于特定空间的辖区治理构成具有独立经济利益的主体，在政治晋升的旗帜下，基于对辖区经济利益的追逐和政治上的晋升激励，地方政府在投资、教育、税收、科技等层面表现出追逐态势。因此，中央政府对地方政府的放权刺激和确立了地方政府的"行为联邦制"特征。

基于需求管理，凯恩斯主义认为地方政府投资能够扩大有效需求，刺激经济复苏。而基于供给端口，内生增长理论认为政府投资会为社会提供生产性服务，降低企业的运输成本，缓解市场拥挤，因而有助于私人企业的进入。新结构经济学的兴起也为地方政府大规模的投资基础设施提供了理论支撑，新结构经济学坚持有效市场和有为政府，它认为对于发展中国家的经济增长来说，实物基础设施是一个紧约束，而在提供必要的基础设施以促进经济发展方面，政府的作用必不可少。

中国地方政府投资也有着深刻的现实背景。以2008年世界金融危机的爆发为标志，中国经济进入"新常态"阶段，着重表现为经济增长中的"三期叠加"特征，即中国经济增长转型进程中出现的从高速到中高速的增长速度换挡期、结构调整阵痛期、前期刺激政策消化期交错现象。图4-1给出了2000～2017年中国GDP总量规模及增长趋势，从图4-1中可以看出，2008年中国经济增长出现了较大幅度的下跌，虽然强有力的经济刺激政策在短期内促使了经济的有效反弹，但是自2010年开始，GDP增速的平稳回落已经成为内在趋势。在这种趋势背景下，中央政府先后进行了数次的大规模投资计划，并进一步深化了财政体制改革。

"要想富，先修路"，经济发展需要良好的基础设施做支撑。在地方政府竞争的背景下，资本的高产出份额是地方政府竞相投资改进基础设施的另一重要诱因。一方面，地方政府投资有利于辖区基础设施和公共服务得以改善，客观上有利于降低企业的经营成本，因而使资本偏向于进入本辖区；另一方面，政府投资本身构成辖区资本存量

第4章 中国地方政府投资规模的估算

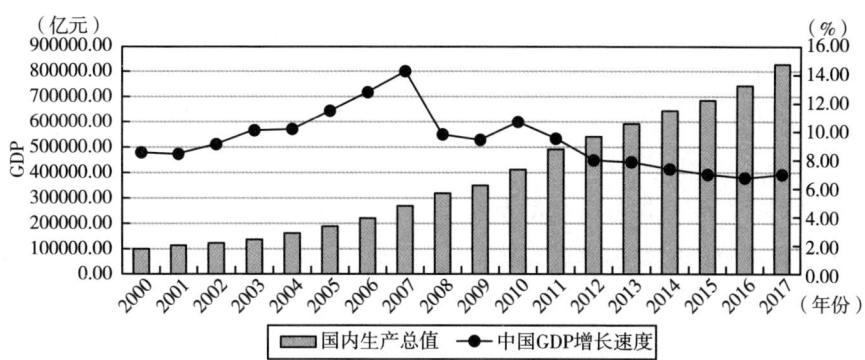

图4-1 2000~2017年中国GDP总量规模及增长趋势

资料来源：中华人民共和国国家统计局。

的一部分。

图4-2给出了2000~2017年中国资本产出份额占GDP的比重及资本形成总额对GDP增长贡献率的折线图。从图4-2中可以看出，2000~2017年中国资本产出份额占GDP比重的波动区间为39%~52%，远远高于工业化国家约为1/3的产出份额，这也同时说明我国是资本要素相对稀缺的国家。同时，从折线图中可以看出，2000~2017年资本形成总额对经济增长的拉动最低也在20%以上，

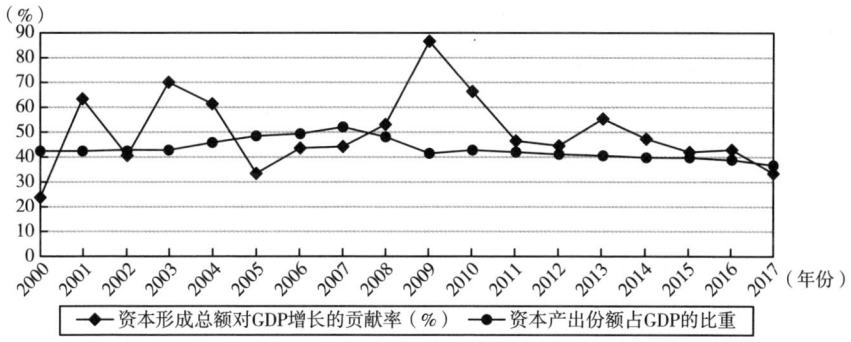

图4-2 中国2000~2017年资本产出份额及其对GDP的贡献

资料来源：中华人民共和国国家统计局。

· 89 ·

这说明资本形成总额对中国 GDP 增长的贡献率甚为重要。由此可见，资本要素是推动经济增长的核心要素。

长期以来，中国区域经济发展不协同，东、中、西部区域在经济发展水平、就业机会、社会公共福利供给上存在巨大落差。区域经济发展的空间非均衡性内在地强化欠发达区域地方政府通过投资竞争以追逐资本要素来发展辖区经济。

4.2 对地方政府投资规模估算的两种方法

政府投资项目繁杂，现有统计年鉴和政府收支科目中并无地方政府投资规模的具体数据。孔令池和高波（2017）使用投融资平台每年发行的城投债作为地方政府的投资代理变量，但一个明显的问题是在 2014 年新《预算法》颁布以前，地方政府更多的是通过非公开的方式融资，而且这一部分数据目前尚不具有可获得的完整性。在当前的学术研究中，较为常用的关于地方政府投资规模的指标计算主要有以下两种：

（1）逐项累加法计算的地方政府投资规模。学者们通过此类支出项目加总从而得到地方政府投资规模，该方法有助于修正预算内资金来源指标对地方政府投资规模的低估。但是使用逐项累加法计算的地方政府投资规模需要注意的一点是：2007 年中国政府对政府收支分类进行了改革。在 2007 年前的预算支出中具有基础性、公共性的支出项目包括基本建设支出、国有企业挖潜改造资金、简易建筑费、地质勘探费、科技三项费用、增拨国企流动资金、支援农业生产支出、农业综合开发支出、城市维护建设费、支援不发达地区支出、土地和海域开发建设支出等 11 具体项目；在 2007 年后的政府投资统计口径中，具有基础性、公共性的预算科目有城乡社区支出、农林水支出、交通运输支出、资源勘探信息等支出、地震灾后恢复重建支出以及国土资源气象支出等几项科目。

张卫国和任燕燕等（2011）、苑德宇（2014）、刘生龙和鄢一龙（2015）、陈国进和尹鲁晋（2016）等则采用财政支出项目逐项累加的方式计算地方政府投资，但是由于对政府消费性支出、资本性支出的认定范围和对政府投资的认定范围不尽一致，因而上述研究对政府投资认定的额度并不相同。

根据《中国统计年鉴》中公布的数据，参考已有文献，我们将2007年政府收支分类改革后的具有公共性、基础性的预算支出科目，包括城乡社区事务支出、农林水支出、交通运输支出、国土资源勘探支出、地震灾后恢复重建支出、国土资源气象支出等类别款项相加计算了2007～2016年中国地方政府投资规模。

（2）预算内资金固定资产投资。本章用预算内资金固定资产投资占固定资产总投资的比重来衡量政府投资规模，之所以采用占比的形式，一方面是因为各个省份经济体量不同，因而政府投资差异明显；另一方面，使用预算内资金固定资产投资占固定资产总投资的比重也有助于减弱数据回归分析中可能存在的异方差现象。尹小剑（2012）、吕冰洋和毛婕（2013）、王婧（2016）等采用预算内财政固定资产投资占区域固定资产总额的比重来表征地方政府投资，这种表征方式的优点是能反映出地方政府干预经济的强弱和地方政府对于建设性财政投资的偏好程度。

4.3 基于预算内固定资产投资的地方政府投资规模的空间分析

以预算内固定资产投资占固定资产投资总额的比重作为地方政府投资规模的代理变量，我们计算了2007～2016年中国31个省区市的地方政府投资数据，如表4-1所示。

表 4-1　全国各省区市预算内地方政府投资规模　　　　　单位:%

序号	地区	2007年	2008年	2009年	2010年	2011年	2012年	2013年	2014年	2015年	2016年
1	北京	1.96	2.42	2.15	1.69	1.27	1.99	12.29	12.41	12.86	13.61
2	天津	0.97	1.73	1.36	0.84	0.87	1.31	1.30	1.61	1.38	1.82
3	河北	1.59	2.10	3.31	2.48	2.32	2.41	2.41	2.57	3.55	3.97
4	山西	4.75	5.53	7.19	7.53	5.37	5.14	5.77	5.06	5.12	4.99
5	内蒙古	3.55	4.07	5.73	4.24	4.10	4.10	3.76	4.82	5.15	7.26
6	辽宁	5.34	4.48	5.10	3.76	5.62	4.61	4.99	4.49	4.59	4.13
7	吉林	2.88	2.88	4.04	3.71	3.15	2.70	2.99	2.56	3.44	3.99
8	黑龙江	5.35	6.01	6.87	5.59	5.52	4.96	3.65	3.77	4.91	4.69
9	上海	2.22	1.74	1.73	2.28	1.53	7.27	6.52	6.95	7.90	8.36
10	江苏	1.10	1.01	1.47	1.22	1.29	1.38	1.45	1.50	1.74	1.99
11	浙江	2.21	3.60	4.23	3.78	4.84	5.26	5.72	5.79	6.07	5.62
12	安徽	5.66	4.85	6.15	6.20	5.63	5.60	5.05	5.34	4.70	5.12
13	福建	6.41	6.94	8.17	7.82	7.68	9.16	8.37	7.34	7.04	8.18
14	江西	7.58	7.17	6.84	5.38	4.79	4.80	3.99	3.65	3.90	5.89
15	山东	1.72	2.03	2.27	2.27	2.36	2.08	1.92	1.93	1.56	2.01
16	河南	1.67	2.13	2.86	2.19	1.98	1.92	2.22	2.80	3.45	3.21
17	湖北	9.58	8.52	8.76	7.74	4.96	4.08	3.78	3.97	3.95	6.01
18	湖南	4.97	6.89	8.55	7.11	5.61	6.22	5.18	5.41	5.32	5.12
19	广东	1.53	1.96	2.52	2.31	2.22	4.96	4.81	5.20	5.78	5.95
20	广西	4.55	5.57	5.48	4.69	3.52	4.41	5.92	6.71	7.44	9.15
21	海南	7.31	9.98	11.24	8.68	6.78	4.86	5.49	5.58	6.08	9.02
22	重庆	6.29	4.72	7.31	9.07	7.26	4.71	6.72	6.30	7.98	5.87
23	四川	2.64	3.04	8.81	10.66	7.13	9.89	8.24	5.82	6.49	7.33
24	贵州	5.80	7.41	11.02	9.41	8.96	8.16	5.44	5.45	5.46	5.17
25	云南	7.39	9.55	11.81	9.53	6.82	8.62	7.20	8.58	10.84	11.00
26	西藏	75.42	75.05	67.41	69.50	73.09	57.93	65.68	76.14	87.78	72.29
27	陕西	8.77	9.21	11.56	10.28	8.23	8.03	5.50	6.19	6.66	7.84
28	甘肃	9.23	11.30	16.02	17.59	15.76	13.02	14.14	10.71	12.59	12.69
29	青海	12.83	14.06	16.31	13.91	20.80	19.59	15.98	18.54	18.97	23.75
30	宁夏	7.41	6.83	6.96	6.16	8.07	8.44	9.07	7.48	8.76	6.44
31	新疆	12.20	14.99	19.31	16.91	12.63	13.26	11.95	14.41	14.44	17.68

资料来源:中国统计年鉴。

在样本年限内,地方政府投资水平呈现出明显的层次特征。西部地区预算内固定资产投资占固定资产投资总额的比重始终较高,云南、新疆、青海、西藏、甘肃等省区的比重在10%以上,西藏最高年份超过80%;中部大部分区域及数个东部区域预算内固定资产投资占固定资产投资总额的比重区域为3%~6%;而只有天津、江苏、山东等少数东部区域预算内固定资产投资占固定资产投资总额的比重低于3%,其中天津最低,不足2%。

从上述数据中我们可以看出,财政预算内固定资产投资占固定资产投资总额的比重并不高,多数省区市均值低于10%。这说明伴随着我国市场经济体制的推进,政府正逐步从"建设型政府"向"服务型政府"转变,即让市场承担越来越多的经济职能,而政府则开始关注并转向于教育、健康、医疗等社会公共服务职能。

4.4 基于逐项累加法计算的地方政府投资规模的基本分析

参考刘生龙等(2015)和张卫国等(2011)所使用的逐项累加法,以2007年政府收支分类改革后具有公共性、基础性性的预算支出科目分类为标注,将各省域城乡社区支出、农林水支出、交通运输支出、资源勘探信息等支出、地震灾后恢复重建支出以及国土资源气象支出等几项内容相加获得各省区市的地方政府投资的绝对数额。

同时,考虑到地方政府经济规模体量的差异,如区域GDP与区域面积、区域人口与区域地形等紧密相关,直接将区域地方政府投资的绝对值作比较显然是有失客观准则的。因此,在数据分析中,学者多将绝对值额度除以辖区经济活动创造的GDP以摒除外在的客观条件所导致的异质性。基于此方面的考量,我们将上述获得的地方政府投资的绝对数额除以各辖区的GDP来衡量地方政府投资规模,具体数据如表4-2所示。

表4-2　　基于逐项累加法计算的地方政府投资规模　　单位:%

地区	2007年	2008年	2009年	2010年	2011年	2012年	2013年	2014年	2015年	2016年
北京	4.40	4.86	6.57	5.65	5.83	6.25	6.55	6.36	8.57	8.52
天津	5.15	5.01	6.48	6.49	7.04	7.25	7.78	8.19	8.79	9.72
河北	2.61	2.74	4.14	3.96	4.40	4.58	4.72	4.97	5.82	5.75
山西	5.03	5.38	7.43	6.83	6.81	7.59	8.18	8.62	9.02	8.04
内蒙古	5.88	5.86	7.23	6.78	7.95	8.23	8.63	8.78	9.72	9.99
辽宁	4.44	4.42	5.69	5.94	6.08	6.54	7.44	6.85	4.97	5.52
吉林	4.09	4.66	6.01	6.23	6.45	5.92	6.57	7.02	8.08	9.05
黑龙江	4.58	5.05	6.23	7.40	7.61	7.43	8.10	7.99	9.74	10.23
上海	5.73	6.34	7.74	6.69	6.88	7.12	7.13	7.32	9.51	10.86
江苏	3.26	3.46	4.29	4.38	4.67	4.64	4.76	4.86	5.34	4.62
浙江	2.66	2.91	4.04	3.78	3.88	3.69	4.04	4.07	5.63	4.96
安徽	5.35	5.77	7.69	7.17	7.09	7.34	7.60	7.99	8.53	7.75
福建	2.48	2.75	3.55	3.59	4.36	4.48	5.12	4.93	5.54	5.45
江西	5.00	5.38	6.97	6.57	7.31	7.87	7.79	8.45	8.99	8.18
山东	2.62	2.61	3.43	3.67	3.60	3.71	3.99	4.04	4.52	4.10
河南	3.10	3.18	4.55	4.25	4.51	4.46	4.60	4.76	5.60	5.57
湖北	3.60	3.91	4.77	4.76	5.12	4.92	5.74	5.69	7.37	6.06
湖南	4.05	4.22	5.28	5.28	6.07	5.67	6.16	5.97	6.49	6.36
广东	2.12	2.23	2.95	3.01	3.35	3.47	3.61	3.89	6.54	5.32
广西	4.95	5.47	6.78	6.23	7.12	7.29	6.89	6.73	7.57	7.39
海南	5.20	7.56	10.11	8.83	9.58	10.13	9.95	10.30	10.91	11.25
重庆	5.52	5.82	7.21	8.11	10.50	10.54	9.83	9.48	9.71	8.67
四川	4.94	9.78	10.91	10.79	7.56	7.60	7.82	7.88	8.16	7.63
贵州	7.79	8.05	11.40	10.95	13.27	12.69	11.58	12.02	11.56	10.48
云南	6.63	7.01	9.82	9.24	10.51	11.01	12.10	12.67	12.13	10.84
西藏	28.88	36.87	41.45	40.14	47.45	50.40	49.28	52.80	51.93	57.38
陕西	5.09	5.55	7.44	6.71	7.67	6.73	7.01	7.50	8.16	7.34
甘肃	7.24	9.99	13.28	12.04	11.13	11.11	11.50	11.76	14.87	14.38
青海	10.99	10.91	15.38	14.84	19.98	22.36	24.75	25.22	26.04	23.79
宁夏	8.44	9.58	11.94	12.85	13.28	14.98	15.27	14.20	16.02	16.45
新疆	7.26	8.06	9.85	9.42	11.40	11.91	12.55	11.93	14.64	15.51

第4章 中国地方政府投资规模的估算

从表4-2我们可以看出，基于累加法的政府固定资产投资总额占GDP的比值，除贵州、西藏、甘肃、青海、新疆等少数省区外，其他省区市的比重相对较低。

为进一步探查中国地方政府投资的空间差异，基于固定资产投资总额占区域GDP比值的测度方法，图4-3给出了基于累加法的分区域地方政府投资水平的示意图，从图4-3中可以看出，我国东部、中部、西部地区地方政府投资占比差距显著，其中，西部地区地方政府投资水平最高、中部次之，东部最低，这种与经济发展水平截然相反的分布态势表明东部地区经济发展水平较高，因而民间资本较为活跃，而中西部地区，经济发展水平相对较低，因此地方政府需要进行大规模的投资以完善基础设施的建设，相应地，地方政府投资的占比较高。

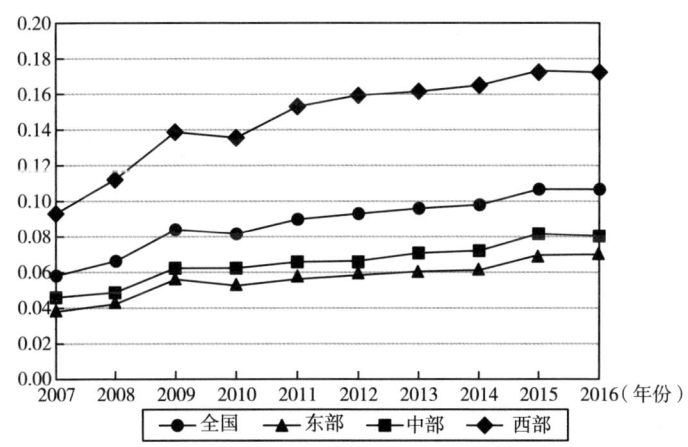

图4-3 基于累加法的分区域地方政府投资水平

4.5 小　　结

中国地方政府投资表现出明显的空间分层特征。其中，以云南、新疆、青海、西藏、甘肃等为代表的西部地区地方政府投资占比较高，中部地区次之，以天津、江苏、山东为代表的东部地区地方政府投资占比较低。地方政府投资占比的高低反映了地方政府干预经济的强弱，东部地区经济发展水平较高、市场开放程度较高、市场体制建设较为完善，因而私人投资较为强劲。但是西部区域经济发展较为落后、产业布局较为分散、市场化程度较低，因而投资以政府为主体。

财政分权下的
地方政府投资绩效
问题研究

Chapter 5

第5章 中国地方政府投资效率的测算

第5章　中国地方政府投资效率的测算

在投资导向型的经济增长模式下，在既定的预算约束框架内，地方政府往往会关心当地的政府投资是否创造了相应的就业岗位、是否有效地促进了本辖区经济的增长以及能否有效改善辖区居民的福利水平，即政府投资绩效成为地方政府投资的核心考虑，而政府投资效率又构成绩效评价的重中之重。

本章基于 DEA 方法对地方政府投资效率进行评价。在 DEA 测算方法下，地方政府投资效率可分解为综合技术效率、纯技术效率和规模效率三部分。综合技术效率指一个生产单元的生产过程达到该行业技术水平的程度，反映的是生产单元技术水平的高低。在产出既定的情况下，综合技术效率由投入最小化的程度来衡量。在单投入、单产出决策单元中，综合技术效率可以用产出/投入的比值来测量；纯技术效率反映由于管理和技术等因素影响的生产效率，它假定决策单元生产要素的利用率已经达到最大，即生产是在最优生产规模上，而其大小则主要由决策单元的管理制度和技术要素等决定；规模效率测量可用于表示在向技术最优生产能力规模点移动时生产率所能增加的量。

受制于地理环境、文化环境、制度环境、资源禀赋等的空间差异，中国的区域经济发展表现出极度的不均衡，区域间资本流动呈现出典型的"核心—外围"结构特征，而资本的空间分布又会进一步影响到地方政府的投资效率。通常而言，基于经济视角考虑，往往有两种分析路径。传统经济理论认为，由于资本要素的稀缺性和边际报酬递减特征，资本会从发达地区流向欠发达地区，而地方政府出于促进辖区经济发展和迎合资本的需要，往往会进行大规模的财政投资，财政投资和经济发展呈现出良性循环，相应地，欠发达地区的地方政府投资效率较高于发达地区的地方政府投资效率。而以科斯（Coase，1960）和罗伯特·卢卡斯（2016）为代表的新制度经济学派和理性预期学派则认为资本并非总从发达地区流向欠发达地区，基于20世纪60年代以后国际资本流动的实际研究表明，资本的流动方向更多地表现为从欠发达地区流向发达地区。相应地，发达地区地方政府应该投入更多的资金以进行基础设施的改善和更新换代，而欠发达地区的地方政府投资效率相较而言是较为低下的。

中国区域经济表现为明显的大国非均衡特质，经济发展水平和资本充裕度与空间地理梯度呈现出典型的反向趋势。而且沿着"胡焕庸线"形成了我国区域经济地理上的核心和边缘区域，在"胡焕庸线"的东南区域，以其约占中国36%的国土面积承载了中国约94%的人口和经济产出，而在"胡焕庸线"的西北区域，约占中国64%的国土面积近承载了仅约6%的人口和经济产出（王桂新和潘泽瀚，2016）。而且，在大国非均质空间差异下，中国区域间的营商环境表现差异较大，因而也就有了当前关于"投资不过山海关"等的争论，部分地区成为资本要素的"弃子"，而以长三角、珠三角、长江经济带为代表的经济活力较高的区域则成为资本追逐的投资目的地。

本章以2007~2016年的数据分析中国地方政府投资和中国地方政府投资效率的时序性和时空差异特征，以便探索中国未来区域经济发展的空间格局和发展方向。本章综合运用中国31个省区市的宏观投资数据，基于DEA效率评价方法计算了中国区域政府投资效率的空间差异，并运用Malmquist方法对其进行了技术效率和技术层面的分解，以期为地方政府投资决策提供有益的参考。

5.1 地方政府投资效率的测算方法

5.1.1 研究方法

对地方政府投资效率的测算一般包括两类：第一类是基于DEA

第5章 中国地方政府投资效率的测算

或者随机前沿方法对地方政府投资效率进行测算,这类研究方法一般是通过设置投入指标和产出指标,并通过规划求解的方式进行松弛改进以求得效率值;第二类是通过计算边际产出或者边际资本报酬率的方式对地方政府投资效率进行测算。一般而言,边际产出具有边际倾向递减的特征,而在现实中我们却经常可以看出,伴随着技术的进步和外部制度环境的改进,边际产出呈现出不变甚至递增的态势。因此,在本章的研究中,我们沿用了经典文献中更为常用的 DEA 方法来对地方政府投资效率进行测算。

DEA 方法是通过产出/投入的比值来定量测量技术效率,其技术要点是运用线性规划(linear programming)方法构建观测数据的非参数分段曲面(或前沿)。然后,相对于这个前沿面来计算效率。

DEA 方法包含多种效率评价模型,其中 CCR 模型、BCC 模型和 FDH 模型是较为常用的效率评价分析模型,其他的 DEA 模型也多以这三者为基础而发展。CCR 模型假设规模收益不变,其得出的技术效率包含规模效率的成分,因此通常被称为综合技术效率。BCC 模型基于规模收益可变(variable returns to scale,VRS),得出的技术效率排除了规模的影响,因此称为"纯技术效率"。FDH(free disposal hall)模型是在 VRS DEA 模型的基础上,将线性组合系数 λ 限定为 0 或 1,它体现的是在生产集中投入和产出的可自由处置性(成刚,2014)。

中国经济具有典型的大国非均质特征,基于人口红利的规模优势是中国市场经济的典型特征。因此,在本章的分析中,我们使用基于投入导向的规模收益可变的 DEA BCC 模型来测算中国地方政府投资效率。

5.1.2 指标设定与数据来源

DEA 分析方法的三个核心要素分别是决策单元(decision making

unit，DMU)、投入要素变量、产出变量。一般来说，DMU 的数量不应少于投入和产出指标数量的乘积，同时不应少于投入和产出指标数量之和的三倍（Cooper，2007），即：

$$n \geq \max\{m \times q, 3 \times (m+q)\} \tag{5-1}$$

其中，n 表示决策单元的个数，m 表示投入要素变量个数，q 表示产出变量个数。从生产可能性的角度，投入指标 x 和产出指标 y 应大致能够满足：（1）x 能生产 y；（2）y 是由 x 生产出来的。DEA 模型不要求投入指标和产出指标之间不能存在高度相关性，共线性的存在不会导致错误的分析结果（成刚，2014）。

由于本书分析的关键词是地方政府投资效率，故我们将地方政府投资变量 X 设置为唯一的投入指标，以预算内固定资产投资占全社会固定资产投资总额的比例来衡量。无论是出于发展战略导向还是为弥补市场缺陷的目的，地方政府投资的目标绩效主要反映在居民人均可支配收入以及居民所享受到的公共服务上。因此，我们综合选取了居民人均可支配收入、人均城市道路面积、公共图书馆个数、普通高等学校每十万人口平均在校生数、人均技术市场成交额、每万人执业（助理）医师人数共计 6 个变量来反映产出指标。其中，为保障数据的可比性，基于居民消费者价格指数，我们对居民人均可支配收入和人均技术市场成交额做了平滑处理。为减小异方差因素的影响，我们对居民人均可支配收入、人均技术市场成交额和普通高等学校每十万人口平均在校生数三个变量做取对数值处理。

本章选取中国 31 个省区市为分析对象，样本选择年限为 2007~2016 年，之所以选择该区间样本年限是因为，2007 年中国实施了新的财政收支分类项目改革。为保证数据的连贯性和可信性，我们使用了改革以后的财政收支项目分类。

相关数据主要来源于《中国统计年鉴》、中国经济与社会发展统计数据库、国研网和 CSMAR 等数据库，对于极个别缺失数据，我们采用了多重插补方法对其进行补缺。表 5-1 给出了关于研究变量的统计性描述特征。

表 5-1　　关于研究变量的统计性描述特征

变量		名称	均值	标准差	最小值	最大值
投入指标	X	地方政府投资	0.0839	0.1237	0.0084	0.8778
产出指标	Y_1	居民人均可支配收入	9.4060	0.4500	8.4939	10.6445
	Y_2	人均城市道路面积	11.3152	4.4522	3.9700	44.5700
	Y_3	公共图书馆个数	96.4258	45.3639	4.0000	203.0000
	Y_4	普通高等学校每十万人口平均在校生数	7.7107	0.3544	6.8068	8.8285
	Y_5	人均技术市场成交额	4.731983	1.6002	0.5913	9.5805
	Y_6	每万人执业（助理）医师	19.7781	4.8072	10.4276	41.1463

从表 5-1 可以看出，预算内固定资产投资占全社会固定资产投资的均值约为 8.39%，但是这一比值仅仅考虑了基于预算视角下的政府部门对经济活动的干预，如果考虑到国有企业、第三部门的投资活动以及政府的土地出让和税收优惠行为，那么，公共部门对经济的真实干预行为则远远高于该比值所反映的介入程度。同时，2007~2016 年，我国省域地方政府投资预算内固定资产投资占全社会固定资产投资的最小值仅为 0.84%，占比不足 1%，最大值为 87%，差距非常大。仔细核对数据之后我们发现，相较于东部沿海发达地区，以西藏、青海、甘肃为代表的西部欠发达地区，其预算内固定资产投资占全社会固定资产投资的比重相对较高。这也反映出我国西部欠发达地区市场造血能力不足，投资倚赖于政府的局面。同时，表 5-1 反映出区域居民所享受到的公共服务水平差距巨大，人均城市道路面积和每万人执业（助理）医师的最低值分别仅为 3.9700 和 10.4276，而其最高值为 44.5700 和 41.1463，这表明我国区域公共服务水平在时空分布上存在着严重的非均等。

5.1.3 中国地方政府投资效率的测算

基于规模收益可变的 BCC 模型,运用 Stata 15.0 分析工具我们分阶段测算了 2007~2016 年中国 31 个省区市的地方政府投资效率。表 5-2 列出了 2008 年、2012 年和 2016 年样本年份 31 个省区市整体投入产出的技术效率、纯技术效率和规模效率值。

表 5-2　　　　　样本年份整体地方政府投资效率

地区	2008 年			2012 年			2016 年		
	技术效率	纯技术效率	规模效率	技术效率	纯技术效率	规模效率	技术效率	纯技术效率	规模效率
北京	0.9008	1.0000	0.9008	1.0000	1.0000	1.0000	0.2270	1.0000	0.2270
天津	0.8306	1.0000	0.8306	1.0000	1.0000	1.0000	1.0000	1.0000	1.0000
河北	0.7360	1.0000	0.7360	0.8791	1.0000	0.8791	0.5663	0.9987	0.5670
山西	0.2504	0.5214	0.4802	0.3194	0.4228	0.7555	0.3962	0.3982	0.9949
内蒙古	0.3256	0.4759	0.6841	0.3893	1.0000	0.3893	0.2829	0.3741	0.7563
辽宁	0.3065	1.0000	0.3065	0.3447	1.0000	0.3447	0.4879	0.8170	0.5971
吉林	0.4766	0.5028	0.9480	0.5190	0.5210	0.9962	0.4869	0.5053	0.9636
黑龙江	0.1897	0.2077	0.9131	0.2804	0.2809	0.9982	0.4031	0.4139	0.9740
上海	0.9082	1.0000	0.9082	0.1924	1.0000	0.1924	0.2426	1.0000	0.2426
江苏	1.0000	1.0000	1.0000	1.0000	1.0000	1.0000	1.0000	1.0000	1.0000
浙江	0.3549	1.0000	0.3549	0.2925	1.0000	0.2925	0.4119	1.0000	0.4119
安徽	0.1952	0.2073	0.9417	0.2355	0.2445	0.9631	0.3738	0.3835	0.9748
福建	0.1434	0.1450	0.9890	0.1461	0.1479	0.9879	0.2328	0.2335	0.9971
江西	0.1389	0.1402	0.9906	0.2917	0.2917	0.9999	0.3263	0.3305	0.9874
山东	0.6858	1.0000	0.6858	0.8881	1.0000	0.8881	1.0000	1.0000	1.0000
河南	0.6330	0.7976	0.7937	0.9984	1.0000	0.9984	0.6441	0.7631	0.8441
湖北	0.1236	0.1275	0.9691	0.3403	0.6073	0.5604	0.3437	0.9972	0.3447
湖南	0.1652	0.1850	0.8931	0.2688	0.2691	0.9990	0.3810	0.3877	0.9826
广东	0.6389	1.0000	0.6389	0.3393	1.0000	0.3393	0.3471	1.0000	0.3471

续表

地区	2008 年			2012 年			2016 年		
	技术效率	纯技术效率	规模效率	技术效率	纯技术效率	规模效率	技术效率	纯技术效率	规模效率
广西	0.1702	0.1804	0.9434	0.3126	0.3126	1.0000	0.2065	0.2129	0.9696
海南	0.0985	0.1007	0.9777	0.2509	0.2687	0.9336	0.1975	0.2060	0.9586
重庆	0.2393	0.2467	0.9701	0.2670	0.2797	0.9548	0.3042	0.3127	0.9725
四川	0.4806	1.0000	0.4806	0.2338	1.0000	0.2338	0.3622	1.0000	0.3622
贵州	0.1233	0.1358	0.9077	0.1528	0.1668	0.9163	0.3531	0.3721	0.9490
云南	0.1490	0.1938	0.7687	0.2167	0.2349	0.9225	0.1794	0.1826	0.9829
西藏	0.0130	0.0134	0.9737	0.0212	0.0233	0.9102	0.0244	0.0262	0.9287
陕西	0.1143	0.2156	0.5302	0.1827	1.0000	0.1827	0.2706	1.0000	0.2706
甘肃	0.0878	0.0890	0.9864	0.1016	0.1051	0.9660	0.1462	0.1522	0.9607
青海	0.0790	0.0805	0.9811	0.0653	0.0675	0.9670	0.0736	0.0777	0.9473
宁夏	0.1773	0.1861	0.9528	0.1433	0.1549	0.9253	0.3037	0.3038	0.9995
新疆	0.0889	0.1053	0.8439	0.1133	0.1210	0.9361	0.1106	0.1112	0.9947

（1）技术效率分析。

技术效率又称"综合技术效率"，它反映的是一个生产单元技术水平的高低，并且由纯技术效率和规模效率组成，用公式可以表示为：

$$技术效率 = 纯技术效率 \times 规模效率 \qquad (5-2)$$

从表5-2中可以看出，2008年，只有江苏的综合技术效率值为1；2012年，综合技术效率值为1的省市变为北京、天津和江苏；2016年，综合技术效率值为1的省市变为天津、江苏和山东。这表明，在样本年份内，这些省区市的技术效率达到生产的前沿边界；同时，2008年、2012年和2016年，综合技术效率位于 [0.6，1) 区间的只有河北、河南、广东等少数区域。这一方面表明这些省区市是中国最具经济增长潜力的地方；另一方面也表明中国地方政府投资的整体技术效率是比较低的。这可能是由投入不足、产出不足或者是投入的空间错配等多方面引起的。2008年，在全部省区市中，综合技术效率达到前沿面的仅约占3%，综合技术效率较高者约占25.8%，而其余的大部分则处于综合技术效率的低端水平[①]。2012年，在全部省区市中，综合技术效率达到前沿面的占样本总体的10%，综合技术效率较高者约占19%，其余近80%综合技术效率水平值较低。2016年，综合技术效率达到前沿面的占样本总体的10%，综合技术效率较高者约占13%。由此可见，我国综合技术产出更多的是靠物质总量的堆积在推进，提质增效依然是摆在我们面前的现实难题。

（2）纯技术效率分析。

纯技术效率反映的是由管理、制度和技术综合影响的效率，它假定生产已经对应于最优规模，而不考虑要素利用率问题所带来的效率损失。

从表5-2中可以看出，相对于综合技术效率而言，样本年份内，天津、江苏、浙江、山东、上海、四川等多个区域地方政府投资的纯技术效率处于前沿边界，而西藏、青海、甘肃、宁夏、贵州等地地方政府投资的纯技术效率还有较大的改进空间。2008年，我国有约33%的省域达到纯技术效率的前沿面，而其余约20个省域的纯技术效率值则低于0.8。因此，可以看出，2008年我国省域之间地方政府投资的纯技术效率内部差异较大。2012年，达到纯技术效率前沿面的样本个数进一步提升，达到总样本的41.9%，但是其余样本个体的综合技术效率值则均低于0.7，这表明由体制和技术因素引致的我国区域个体间地方政府投资效率差异依然明显。2016年，样本总体中只有29%达到前沿面，42%的样本地方政府投资的纯技术效率处于较高水平，而其余近60%的样本纯技术效率值则表现不佳。这在一定程度上表明了供给侧结构性改革下地方政府对投资规模和投资结构的模糊认知。

（3）规模效率分析。

规模效率是指由于决策单元规模因素影响的生产效率，反映的是

[①] 我们将综合技术效率大于0.6的值设定为综合技术效率较高者。

实际规模与最优生产规模的差距。就理论而言，决策单位往往会通过搜寻最大生产运营能力点来提升其自身的规模效率。

从表 5-2 中可以看出，2008 年，只有江苏省的规模效率值为 1，其余地区的规模效率值均小于 1。2012 年和 2016 年，天津、江苏、山东等数个区域的规模效率值达到或者接近 1。规模效率值的高低能够有效反映地方政府投资的公共产品是否能够得到有效的利用。有观点认为天津、江苏和山东等地区一般人口分布较为密集，故公共产品的利用效率较大。

2008 年，约有 70% 的样本个体达到或接近规模效率的前沿面，而只有少数样本规模投资效率较低，这表明在该年份，我国地方政府的投资和产出基本是对称的，投资的空间错位较低，政府投资的效能较高。2012 年，约有 13% 的样本达到规模效率的前沿面，另有 58% 的样本接近规模效率的前沿面，但是其余样本的规模效率值则较低，这表明此部分区域存在着投资规模不足的现象。2016 年，仅有 10% 的样本达到规模效率的前沿面，另有 60% 的样本基本接近于政府投资规模效率的前沿面，其余地区则规模投资效率值较低。

值得注意的一点是，及至 2012 年、2016 年，除部分中西部地区外，广东、上海等部分省市地方政府投资的规模效率值均表现欠佳，而北京的规模效率值更是跌落明显。一个潜在的可能性是，伴随着人口的进一步流入和集聚，这些发达省域的公共服务提供规模是不足的。

5.2　时空维度下地方政府投资效率的区域比较

5.2.1　分区域地方政府投资效率的时间趋势

在去存量、调结构和地方政府债务不断扩张的背景下，政府投资效率的高低反映了地方政府治理能力和调控经济能力的强弱。

投资效率是衡量投资方式和投资结构的重要标杆,长期以来,由于市场资本要素缺乏,中国政府进行了大规模的基础设施投资。而事实也证明,经济发展的初期,由政府部门来进行投资是必要的和具有战略性的,它极大地推动了中国区域经济的快速增长,有力地促进了全国统一大市场的建立。但是,政府部门的投资是有偏的,而且在粗放型经济的发展模式下,地方政府投资可能是低效甚至是无效的,如在地方政府投资过程中出现的腐败和豆腐渣工程就属于此类。图5-1给出了2007~2016年我国分区域地方政府投资的效率趋势图。

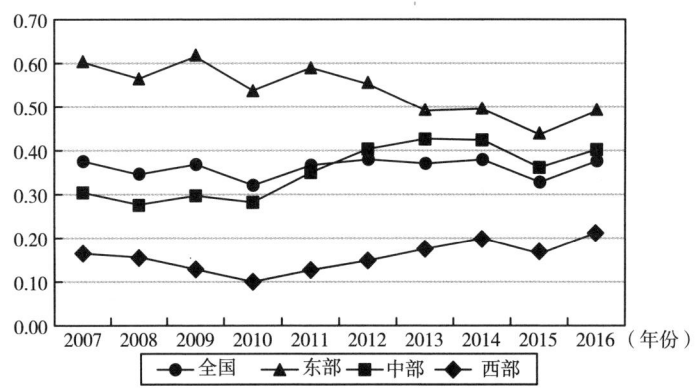

图 5-1 2007~2016 年我国分区域地方政府投资的效率

从图 5-1 中可以看出,样本年份内,东部地区地方政府投资效率 > 中部地区地方政府投资效率 > 西部地区地方政府投资效率,且总体而言,东部地区地方政府投资效率逐渐降低。且 2007~2010 年,中西部地区地方政府投资效率下降,而自 2010 年开始,中西部地区地方政府投资效率则逐年递增。

地方政府投资效率的影响因素有很多,典型的如制度环境、资源禀赋、市场开放度、财政透明度等因素。在现实情境中,东部地区在制度环境、市场潜能、政府透明度、空间集聚程度等层面的表现均优于中西部,因而其地方政府投资效率高于中西部地区也就不足为奇。

但是，伴随着产业转移、人口老龄化、国内快速交通网络的兴起，中国的资本要素逐步有向中西部扩张的趋势，这也较大地提升了中西部地区政府投资的利用效率。因而，我们看到，自2010年以后，中西部地区地方政府投资效率有逐步提升的趋势。

同时，为进一步探究每个区域个体地方政府的投资效率变动，图5-2给出了中国31个省区市地方政府投资效率的时间趋势。从图5-2中可以看出，天津、江苏、山东等地方政府投资效率始终维持在高位水平，大致是与这些区域快速发展的经济、不断流入的人口以及较高的经济活力相联系的；北京、广东两省市地方政府投资效率下降趋势明显。虽然这两个省市也都具备快速发展的经济、不断流入的人口以及较高的经济活力等优势，但不断抬升的房价和供给不足的公共服务却可能限制了其投资效率的提升；河北、吉林、河南、四川等省份的地方政府投资效率波动明显。需要注意的是，在整个国家区域内这四个省份均有着大中型规模的经济体，且这些省份每年均保持着较大规模的固定资产投资。巨大的市场潜能和不断增加的对公共服务的

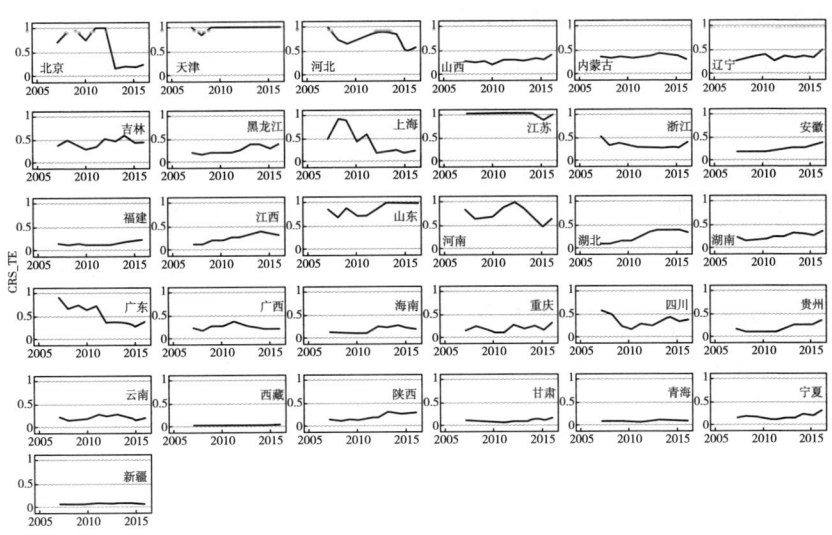

图5-2 31个省区市地方政府投资效率的时间趋势

需求，使财政资金和市场资本的互动和挤压效应明显。因而，地方政府投资效率的波动也就不可避免；辽宁、安徽、福建、湖北、湖南、贵州等省份地方政府投资效率的单调递增趋势明显。这些区域大致具有良好的地理区位和资源禀赋，亦属于经济发展的新兴区域，因而资本流入趋势明显；新疆、西藏、甘肃、青海等地政府投资效率低下，这大致是因为这些区域整体经济发展水平不高，广大的行政辖区、分散的产业和人口布局使政府提供的公共基础设施得不到充分的利用。但是，基于经济发展战略和社会公平的考量，政府的这种"低效投资"又是必需的。

5.2.2 对地方政府投资效率绝对趋同的分析与质疑

地方政府投资效率是衡量地方政府财政可持续的一个重要指标，也是影响区域间资本流向的一个先导变量。因而，在一个开放的市场经济体系内部，地方政府投资效率的趋同在某种程度上标识了中国区域经济的空间均衡和经济增长动力的空间转换。于谨凯和孙毅（2011）将物质资本存量引入 ICOR 模型对中国 31 个省区市的地方政府投资效率的收敛性进行了检验，研究结果表明，中国中东部地区的投资效率较高，但西部地区投资效率较低，且中国东、中、西部地区的投资效率表现出"俱乐部收敛"特征；曾福生等（2014）基于资源约束视角对中国农业基础设施的投资效率及其收敛性进行了分析，研究表明，1989~2010 年中国农业基础设施投资效率区域间差异较大，且整体表现出下降趋势。全国及三大地区的农业基础设施投资效率都表现出收敛态势。

根据上述地方政府投资效率数据，使用地方政府投资效率的方差数据，我们对地方政府投资效率进行了绝对趋同检验。所谓绝对趋同亦即随着时间的推进，区域间地方政府投资效率的差距会减少的趋势。这一概念一般用方差或者标准差的概念来衡量。

第5章 中国地方政府投资效率的测算

图5-3给出了2007~2016年我国31个省区市地方政府投资效率的方差变动的趋势线。从图5-3中可以看出，就全国而言，地方政府投资效率总体表现为绝对趋同特征，地方政府投资效率的方差从2007年的0.10左右下降到2016年的0.06左右。但是分区域来看，地方政府投资效率方差的变动呈现出分阶段的不同特征。2007~2010年，东、中、西部地区地方政府投资效率方差呈下降趋势；2010~2015年，东部和中部地区地方政府投资效率方差表现出明显的倒"U"形特征；2016年开始，全国及各区域地方政府投资效率方差又呈现出非收敛态势。

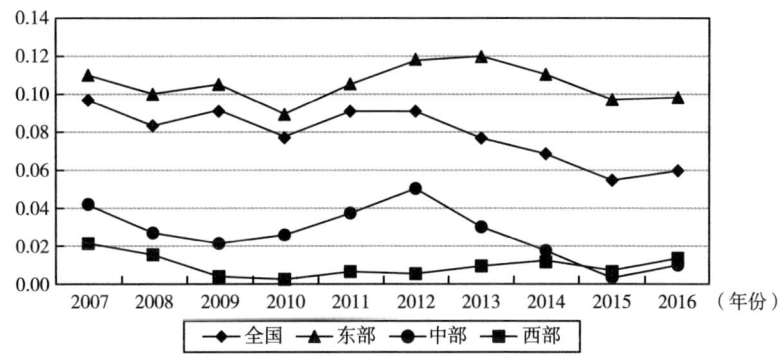

图5-3 2007~2016年我国31个省区市地方政府投资效率的方差

5.3 Malmquist指数分析

5.3.1 Malmquist指数理论

DEA模型是基于技术效率的概念，针对的是某一时间的生产技术而言。当被评价的决策单元包含多个时间点观测值的面板数据时，就可以对生产率的变动情况、技术效率和技术进步各自对生产率变动所起的作用进行分析，即Malmquist全要素生产率（total factor productivity，TFP）指数（成刚，2014）。基于径向距离的差异，Malmquist可以是产出导向的也可以是投入导向的。

Malmquist指数可以捕捉生产率变化的两个重要来源，即通过效率变化与技术变化获得。用公式可以表示为：

$$M(x^{t+1}, y^{t+1}, x^t, y^t) = \frac{E^{t\cup(t+1)}(x^{t+1}, y^{t+1})}{E^{t\cup(t+1)}(x^t, y^t)}$$

$$= \frac{E^{t+1}(x^{t+1}, y^{t+1})}{E^t(x^t, y^t)} \left(\frac{E^{t\cup(t+1)}(x^{t+1}, y^{t+1})}{E^{t+1}(x^{t+1}, y^{t+1})} \frac{E^t(x^t, y^t)}{E^{t\cup(t+1)}(x^t, y^t)} \right)$$

$$= EC \times TC \qquad (5-3)$$

其中，(x^t, y^t)和(x^{t+1}, y^{t+1})分别为第t期和第t+1期的投入产出关系，投入产出关系从第t期到第t+1期的变化就是生产率的变化。EC表示效率变化，TC表示技术变化。

全要素生产率是价值创造的源泉，尤其是在世界科技进步日新月异的今天，技术、制度、环境等因素对经济增长的作用越来越大。因此全要素生产率深刻地影响着世界贸易利益的分配格局；反过来，全球贸易价值链的嵌入也有利于提升发展中国家的全要素生产率。

图5-4给出了1995~2011年各典型区域全球价值链收入份额占比。从图5-4中可以看出，在全球价值链收入分配中，欧盟和北美自由贸易区占比最高，两者通过贸易瓜分了全球产业价值创造的50%左右；自1995年起，中国和BRIIAT（包括俄罗斯、印度和澳大利亚等其他重要国家）在全球价值链中的收入份额占比逐步提升，而欧盟、北美自由贸易区以及除中国以外的东亚其他区域在全球价值链中的收入份额占比则逐步下降。林毅夫（2014）、王玉燕和林汉川（2014）、刘洪愧和谢谦（2017）等的研究表明，中国经济后发优势明显，尤其是加入WTO以后，通过技术外溢和技术模仿，中国全要素生产率有了较大幅度的增加。

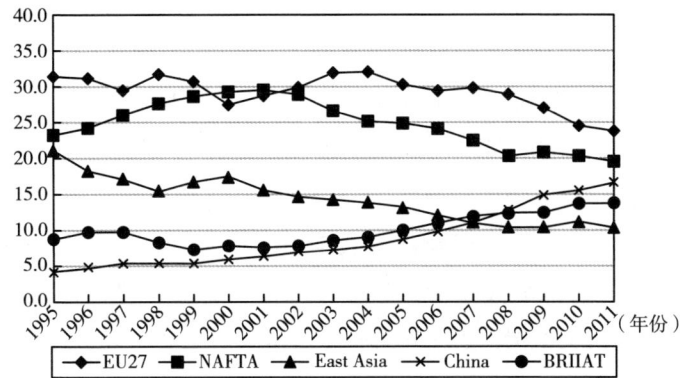

图 5-4　1995~2011 年各典型区域全球价值链收入份额占比

资料来源：Timmer, M. P., B. Los, R. Stehrer, G. J. de Vries (2013). "Fragmentation, Incomes, and Jobs: An Analysis of European Competitiveness" Economic Policy, vol. 11 (4): 613-661.

5.3.2　中国地方政府投资效率 Malmquist 指数的时空特征

中国地方政府投资的目标是在兼顾效率与公平目标的前提下促进公共财政资金的合理、有效利用。但是，受制于制度环境、文化背景、市场潜能和资源禀赋等多维因素的影响，中国的地方政府投资效率表现出较强的时空差异特征。图 5-5 给出了 2007~2016 年中国分区域 Malmquist 指数的演变趋势。从图 5-5 中可以看出，（1）中国地方政府投资效率的 Malmquist 指数呈现出波动特征，且各个区域 Malmquist 指数的变动方向趋近于一致。其中，2007~2009 年、2011~2012 年、2014~2016 年等时间段，中国地方政府投资效率的 Malmquist 指数表现出下降趋势，而 2009~2010 年、2012~2013 年，中国地方政府投资效率的 Malmquist 指数表现出上升趋势；再从各个区域地方政府投资效率 Malmquist 指数的大小来看，各区域地方政府投资的全要素生产率呈现出轮番接棒引领的态势。其中，在 2010 年之前，Malmquist 指数的位次排序为东部地区＞中部地区＞西部地区；

2011~2016年，西部地区Malmquist指数表现较为抢眼，表明了伴随着产业的转移和交通基础设施的改善等，西部地区的TFP有较大幅度的增进。这一时期，中部地区Malmquist指数逐步下降，但高于东部地区，而东部地区Malmquist指数则逐步提升，并逐渐超越中部地区。Malmquist指数的变动反映了中国区域经济增长动力的时空转换，余泳泽（2015）认为中国经济增长动力从改革开放初期的资本、劳动和TFP"三驾马车"拉动，形成了现阶段的资本投入于TFP反向角力，区域经济差距主要源于资本投入与TFP双重差异，但TFP差异是最重要因素。

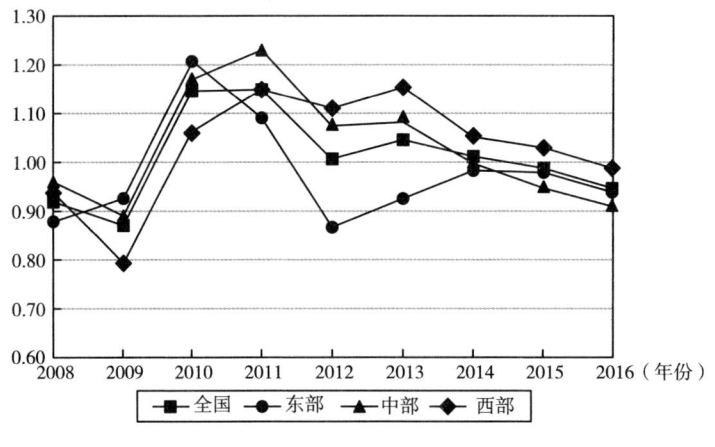

图 5-5 分区域 TFP 变化

为更为全面细致地考察中国区域间地方政府投资效率 Malmquist 指数的时空差异，表 5-3 详尽列出了 2007~2016 年我国 31 个省区市地方政府投资效率的 Malmquist 指数值。

从表 5-3 中可以看出，十年间，我国地方政府投资效率 Malmquist 指数值较高的区域依次是重庆、湖北、安徽、辽宁等中部区域，其全要素生产率分别增长了约 14.89%、11.15%、9.47% 和 8.98%，全要素生产率增长显著。Malmquist 指数值排位居中的区域有宁夏、西藏、陕西、四川、贵州、江西等省区市，其全要素生产率

表 5-3　　2007～2016 年我国 31 个省区市地方政府
投资效率 Malmquist 指数

地区	2007 年	2008 年	2009 年	2010 年	2011 年	2012 年	2013 年	2014 年	2015 年	均值
北京	0.8185	0.8185	1.2688	1.3607	0.6635	0.1642	1.0090	1.0194	0.9909	0.9015
天津	0.5975	0.5975	1.6640	1.0399	0.6743	1.0265	0.8057	1.1586	0.7703	0.9260
河北	0.7728	0.7728	1.3441	1.0744	0.9987	1.0038	0.9334	0.7237	0.8935	0.9464
山西	0.9305	0.9305	0.9517	1.3775	1.0592	0.8955	1.1443	0.9878	1.0376	1.0350
内蒙古	0.8838	0.8838	1.1928	1.0467	1.0238	1.1323	0.8659	0.9755	0.7274	0.9702
辽宁	1.1882	1.1882	1.3585	0.6717	1.2353	0.9338	1.1064	0.9898	1.1359	1.0898
吉林	1.0054	1.0054	1.1026	1.1512	1.1968	0.9092	1.1862	0.7907	0.8966	1.0271
黑龙江	0.8939	0.8939	1.3218	0.9926	1.1255	1.3774	0.9729	0.7646	1.0462	1.0432
上海	1.2756	1.2756	0.7535	1.4952	0.2131	1.1388	0.9781	0.9052	0.9786	1.0015
江苏	1.1098	1.1098	1.2711	0.9605	0.9679	0.9747	0.9943	0.8844	1.0482	1.0356
浙江	0.6304	0.6304	1.1392	0.7924	0.9460	0.9682	1.0360	1.0263	1.1365	0.9228
安徽	1.1780	1.1780	0.9987	1.1721	1.0162	1.1237	0.9715	1.1815	1.0322	1.0947
福建	0.9333	0.9333	1.0565	1.0267	0.8477	1.1082	1.1384	1.0519	0.8651	0.9957
江西	1.0664	1.0664	1.2701	1.1850	0.9979	1.2036	1.0943	0.9385	0.6632	1.0539
山东	0.8583	0.8583	0.9916	0.9666	1.1389	1.1016	0.9984	1.2392	0.8994	1.0058
河南	0.8044	0.8044	1.3069	1.1828	1.0599	0.8720	0.7924	0.8171	1.0747	0.9683
湖北	1.1257	1.1257	1.1410	1.5920	1.2390	1.0934	0.9850	1.0366	0.6648	1.1115
湖南	0.7215	0.7215	1.2423	1.3283	0.9442	1.2002	0.9576	1.0251	1.0452	1.0207
广东	0.7957	0.7957	1.0813	1.0584	0.4572	1.0330	0.9296	0.9238	0.9879	0.8958
广西	0.8174	0.8174	1.2359	1.3345	0.8278	0.7447	0.8821	0.9054	0.8198	0.9317
海南	0.7396	0.7396	1.3069	1.2964	1.4111	0.8944	0.9897	0.9208	0.7290	1.0031
重庆	1.3890	1.3890	0.8139	1.2604	1.5564	0.7062	1.0728	0.7896	1.3624	1.1489
四川	0.8875	0.8875	0.8528	1.5703	0.8019	1.2573	1.4223	0.9197	0.8860	1.0539
贵州	0.7900	0.7900	1.1811	1.0618	1.1066	1.5183	1.0110	1.0085	1.0696	1.0597
云南	0.7794	0.7794	1.2394	1.4159	0.7907	1.1976	0.8337	0.7918	0.9854	0.9793
西藏	0.8740	0.8740	0.9649	0.9634	1.5267	0.8848	1.0035	2.0919	0.5332	1.0796
陕西	0.9522	0.9522	1.1003	1.2603	1.0626	1.5375	0.9038	0.9329	0.8575	1.0621
甘肃	0.8237	0.8237	0.9248	1.1553	1.2264	0.9178	1.3297	0.8503	0.9912	1.0048
青海	0.9489	0.9489	1.1809	0.7250	1.0904	1.3326	0.8371	1.0300	0.7861	0.9867
宁夏	1.1104	1.1104	1.1400	0.7722	0.9691	1.0348	1.2393	0.8619	1.5527	1.0879
新疆	0.8000	0.8000	1.2119	1.3374	0.9654	1.1430	0.8443	1.0146	0.8446	0.9957

增长均大于5%，表现出一定的增长后劲。而以北京、天津、浙江、广东、福建等为代表的沿海发达省域及少数中西部省域则表现出 Malmquist 指数退化趋势，TFP 呈现出负向变动特征。

Malmquist 指数与区域经济发展程度的这种反向差异表现了我国区域经济发展的新的动态特征，即区域经济的空间均衡。这种均衡可能是由于中西部地区在承接产业转移、经济集聚等层面表现出的空间优化，也可能是西部地区在政府质量提升、公共服务改善等层面表现出的制度优化。余壮雄和杨扬（2014）认为中国国内资本市场流动存在着"市场向西、政治向东"的趋势，即随着东部地区市场化程度的提高、企业竞争的白热化，反映市场力量的自由资本会从从东部流向西部。而西部地区政府投资比重较高，挤压了民间资本有限的投资机会，从而导致部分资本从西部地区流向东中部地区。区域间资本的这种双向流动带动了产业、就业、资源等的空间扩散，并进一步提升了区域经济空间均衡的程度。

5.4 小　　结

在测度地方政府投资数据的基础上，采用 DEA（数据包络分析）模型和 Malmquist 生产率指数，本章测度了 2007～2016 年中国 31 个省区市的地方政府投资效率。研究结果表明：

（1）中国地方政府投资效率也表现出明显的空间分层特征。江苏、山东、天津等省市属于地方政府投资效率的高值区域，河北、河南、辽宁、四川等省份属于地方政府投资效率的中值区域，而广大的西部区域和部分中东部区域则属于地方政府投资效率的低值区域。而且从分层区间来看，我国整体的地方政府投资效率较低。

（2）运用空间可视化方法对 31 个省区市的投资效率进行了分析，得到地方政府投资效率在时空分布上存在严重非均等的结论。其中，对技术效率的分析表明，样本年份内只有少数个别省域能够达到前沿面，而绝大部分省域技术效率值较低；对于纯技术效率的分析表明，样本年份内约有 1/3 的省域能够达到纯技术效率的前沿面；对于规模效率的分析表明，样本年份内约有 70% 的省域能够达到或接近规模效率的前沿面。

基于 Malmquist 指数的分解表明，各区域地方政府投资的全要素生产率呈现出轮番引领的态势，其中，在 2010 年之前 Malmquist 指数的排序为东部地区 > 中部地区 > 西部地区，而 2011~2016 年，西部地区的 Malmquist 指数的表现比较抢眼。

（3）基于绝对趋同的收敛性分析表明，总体而言，中国地方政府投资效率总体表现为绝对趋同特征，但是分区域来看，地方政府投资效率方差的变动呈现出分阶段的不同特征。对地方政府投资效率做趋同性分析发现，中国地方政府投资效率差距逐渐缩小。

财政分权下的
地方政府投资绩效
问题研究

Chapter 6

第6章 财政分权影响地方政府投资绩效的实证检验

第6章 财政分权影响地方政府投资绩效的实证检验

1978年十一届三中全会做出改革开放的重大决策以来,中国经济增长实现了四十年的高速增长,创造了"中国经济增长奇迹",在分析中国经济增长奇迹方面形成了"市场维持型财政联邦主义"和"晋升锦标赛"两种最有影响力的理论。财政激励理论和政治激励理论均认为地方政府在推动中国经济快速增长方面发挥了不可替代的重要作用,不同之处在于财政激励理论认为财政收入最大化的经济利益是激励地方政府积极发展经济的源动力,政治激励理论认为该动力的源泉是地方官员为实现政治晋升的政治利益。财政收入和政治晋升是激励地方官员的内在动机,地方官员自利偏好的实现仍须借助具体的工具才能实现。固定资产投资成为地方政府推动经济增长的重要政策工具,地方政府投资在全社会固定资产投资中长期占有重要地位。

本章在借鉴学者研究成果的基础上,实证研究了中国式分权对地方政府投资绩效的影响。根据前面关于地方政府投资绩效的概念,它包含两层含义:一是结果导向的"绩",本书用地方政府投资规模表示;二是过程导向的"效",本书用地方政府投资效率表示。在实证研究财政分权对地方政府投资规模的影响时,为保证研究结论的可靠性和稳健性,本章分别使用两种地方政府投资规模指标和多种财政分权指标进行实证分析;在地方政府投资效率方面,本章选取了前面使用 DEA 方法测算的技术效率指标作为代理变量,实证检验财政分权对地方政府投资技术效率的影响。

6.1 理论分析与研究假设

6.1.1 财政分权

Tiebout (1956) 认为地方政府更接近辖区选民,在了解辖区选民公共产品需求偏好方面拥有信息优势，因此赋予地方政府更多的财力和自主权有助于提高公共服务供给水平，此分析是基于选民评价地方官员财政分权理论。在中国式财政分权中，地方官员的政绩考核、选拔任命、职务晋升都是由上级政府进行评价的，所以上级政府偏好对地方政府行为有着更直接有力的影响。尹恒和朱虹（2011）使用2001~2005年的全国2067个县市数据实证研究发现，向上负责的县级官员在财政决策上具有追求尽可能高经济增长率的倾向，县级财政具有生产性支出偏向的特征。政治激励理论认为，地方官员在有效任期内的经济绩效已经成为中央政府评价地方政府的主要标准，其中可量化比较的GDP增长率是政绩考核的核心指标，且为降低政绩考核误差，中央会将地方官员任期内的经济绩效与相邻辖区和前任地方官员的表现进行比较。这种垂直集中的官员治理模式激励地方官员为增长而竞争（张军，2005）。

  地方官员为在激烈的"晋升锦标赛"中获胜，实现政治晋升，他们更关注如何在有限任期内实现辖区经济的高速增长，投资尤其是投资周期短、见效快、风险低的生产性投资更容易得到地方官员的青睐，而对能提高辖区居民福利，短期内却难以显现经济效果的非生产性公共产品供给不足。郭庆旺和贾俊雪（2006）构建了包含公共资本投资的内生增长模型，研究发现政府物质资本投资和人力资本投资对长期经济增长都具有正向显著影响，但人力资本投资的增长效应较小，且不利于短期经济增长。郑磊（2008）研究发现财政分权与官员经济绩效考核制度结合在一起对地方教育支出有显著负向影响；傅勇和张晏（2007）使用1994~2004年的省级数据实证研究发现，即使管理严格预算内财政支出也明显呈现出"重基本建设、轻公共服务"的生产性财政支出结构；张牧扬（2013）构建了基于地方官员职业生涯的理论模型，在私人信息不完全的条件下将地方官员区分为事前能力较高和事前能力较低的官员，他的研究成果表明，在地方财政支出决策中，事前能力较高的地方官员更倾向通过增加基本建设支出向上级政府显示其个人能力，事前能力较低的地方官员则会增加能隐匿其能力的社会性支出。

集权型干部人事管理制度为地方官员发展经济提供了有效激励，但地方官员若没有掌握一定经济资源和经济发展自主权，仍难以将自利性投资偏好植入政府和企业等市场参与者的经济行为决策中。在放权让利阶段和社会主义市场经济阶段，中央政府都将大量的经济管理权限和经济资源下放给地方政府，地方政府凭借其强大的资源动员能力和行政干预能力成为地方经济的重要参与者，对地方经济发展拥有巨大控制力和影响力。地方政府这种集"裁判员"和"运动员"于一体的强势地位使其能够主导地方经济发展，甚至出现"地方政府公司化"现象（Qi，1992）。地方政府的投资偏好能够借助"有形之手"的力量强烈地影响地方政府、辖区企业以及社会等诸多市场参与者的投资决策。

研究假说 H6-1：财政分权使地方政府分享辖区经济增长成果，获得经济自主权，地方政府倾向于增加政府投资以推动辖区经济高速增长，财政分权与地方政府投资规模之间是正相关关系。

研究假说 H6-2：由于辖区要素禀赋结构存在差异，地方政府难以均等化分享经济发展成果，对财政分权受益较低的地方而言，地方政府投资可能更加依赖于预算内资金；财政分权度较大的地方，企业等市场主体的活跃度较高，地方政府投资对预算内资金的依赖度可能较低。所以财政分权与预算内资金的固定资产投资之间可能是负相关。

6.1.2 地方政府竞争

上级任命制的官员治理模式对中国地方官员产生了"向上负责"激励效果，地方官员在享受财政分权带来的经济利益时，必须服从中央政府。所以多级政府财政分权和单一政治集中相结合的"中国式"

分权搞对了"地方官员激励",它将公共部门内部的"多任务目标"治理变成了地方政府间的"标尺竞争"机制(张军等,2007)。标尺竞争的核心思想是在选举制的社会中,多级政府间的分权形成了一种多部门平行的"M"形层级结构,由于辖区选民在了解地方官员行为方面处于信息劣势地位,它们在评价地方官员绩效时会参照其他辖区官员的做法,从而节约行政管理成本,防止权力滥用。地方官员知道选民会以其他辖区官员的行为作为评价自己的标尺,理性的地方官员会选择模仿其他辖区的相关政策。所以同级政府之间在施政措施方面的相互监督、相互学习机制有助于提高政府部门的运作效率。与选举制社会地方官员向下负责不同,政治集权制度环境中的中国地方官员形成的是向上负责的标尺竞争机制。

GDP增长率作为上级政府政绩考核的核心指标,流动性较强的资本作为推动辖区经济增长最稀缺的要素成为地方政府竞争的首要标的物,在地方官员效用函数中占据着重要地位。尽管地方官员有强烈的动机去吸引资本要素到本辖区投资建厂,仍须借助具体的政策手段,才能更好地"招商引资",实现辖区经济的快速增长。地方政府主要通过三个方面的竞争措施激励资本要素到本辖区投资。一是税收竞争,虽然税种新设、税率调整等关键性税权在中央政府手中,地方政府仍然可以通过争取中央政府批准扩大本辖区税收优惠幅度和策略化税收征管,降低到本辖区投资资本要素的宏观税负水平,以增强本地区在"招商引资"大战中的竞争力;二是财政支出竞争,地方政府间税种竞争行为会导致其陷入外部资源零税率的困境,不具有长期可持续性,地方政府开始通过改善内部投资环境的财政支出竞争成为部分地区的重要政策工具,其中,基础设施投资既能满足地方官员的政绩需要,又能改善辖区投资环境以吸引FDI,成为地方政府投资的重点;三是土地引资,地方政府作为土地资源的垄断供给者,通过低价甚至零地价的协议出让工业用地的方式吸引资本。地方政府虽然损失部分土地出让金,但辖区工业化和资本快速积累所带来的政绩和财政收益显著高于土地出让金,而且低价转让工业用地的土地出让金损失更多被分担至失地农民或者下届政府承担,而非本届政府(陶然等,2007)。

研究假说 H6-3:地方政府间的标尺竞争激励其通过税收优惠、财政支出、土地等多种手段竞争流动性资本要素到辖区落户投资,地方政府竞争与政府投资规模之间可能是正相关关系。

6.2 实证模型、变量与数据来源

6.2.1 实证模型

由于在我国现行统计制度下,并没有以地方政府作为投资主体的统计数据,因此,不同学者根据研究对象的不同,以及对地方政府投资概念界定范畴的差异化理解,在当前的学术研究中关于地方政府投资规模的指标计算主要有以下两种:

(1)预算内资金来源的固定资产投资。传统意义的政府投资主要是指统计年鉴中全社会固定资产投资中"预算内资金"部分,郭庆旺和贾俊雪(2006)年使用人均预算内财政投资作为政府投资的代理变量,研究了政府投资与长期经济增长之间的关系;孙群力(2005)同样使用国家"预算内固定资产投资"作为政府投资的代理变量,研究了政府投资和消费对经济增长的影响。

(2)逐项累加法计算的地方政府投资规模。张勇和古明明(2011)指出,以预算内资金来源作为地方政府投资的计量指标会大大低估政府投资所形成的资本规模,因为该指标没有考虑我国巨额预算外支出中的政府投资,以及政府导向的国有企业投资;张卫国等(2011)、苑德宇(2015)和刘生龙等(2015)均使用逐项累加的方法将一般公共预算支出表中基础性、公共性的支出项目加总。逐项累加法的使用还须注意2007年政府支出分类改革的影响，在2007年前的预算支出中具有基础性、公共性的支出项目包括基本建设支出、国有企业挖潜改造资金、简易建筑费、地质勘探费、科技三项费用、增拨国企流动资金、支援农业生产支出、农业综合开发支出、城市维护建设费、支援不发达地区支出、土地和海域开发建设支出等11具体项目。因为2007年政府支出分类改革，一般公共预算中支出分类科目发生重大变化，在2007年后的政府投资统计口径中，具有基础性、公共性的预算科目有城乡社区支出、农林水支出、交通运输支出、资源勘探信息等支出、地震灾后恢复重建支出以及国土资源气象支出等几项科目。学者们通过此类支出项目加总从而得到地方政府投资规模，该方法有助于修正预算内资金来源指标对地方政府投资规模的低估，在有关地方政府投资的相关实证研究中得到了较为广泛的使用。

为验证本书关于"中国式分权"、地方政府竞争与地方政府投资规模的研究假说，并结合不同地方政府投资规模指标的选取，本书共使用两类计量模型研究它们之间的关系，具体的模型设计如下：

第一类：参考郭庆旺和贾俊雪（2006）的研究，在计量模型（6-1）中，我们使用全社会固定资产投资资金来源中"预算内资金"所占比重去度量地方政府投资规模，用Gi1表示。为更坚实地验证本书的研究假说，还会使用人均实际"预算内固定资产投资"作为辅助变量进行稳健性检验，用Gi2表示，人均实际"预算内固定资产投资"使用地区固定资产投资价格指数将当期值换算为以2000年为基期的可比值，并且取对数，则该指标的计量模型为式（6-2）：

$$Gi1_{it} = a_0 + a_1 FD_{it} + a_2 COMP_{it} + \beta X_{it} + \eta_i + \eta_t + \varepsilon_{it} \quad (6-1)$$

$$LnGi2_{it} = a_0 + a_1 FD_{it} + a_2 COMP_{it} + \beta X_{it} + \eta_i + \eta_t + \varepsilon_{it} \quad (6-2)$$

第二类：参考刘生龙等（2015）和张卫国等（2011）所使用的逐项累加法设计地方政府投资规模指标Gi3，它是将2007年政府收支分类改革后具有公共性、基础性的预算支出科目，包括城乡社区支出、农林水支出、交通运输支出、资源勘探信息等支出、地震灾后恢复重建支出以及国土资源气象支出等几项内容进行加总所获得的地方政府投资指标，使用 Gi3 指标的计量模型为：

$$Gi3_{it} = a_0 + a_1 FD_{it} + a_2 COMP_{it} + \beta X_{it} + \eta_i + \eta_t + \varepsilon_{it} \quad (6-3)$$

（3）地方政府投资效率。本书的第 5 章利用 DEA 方法测算了地方政府投资的技术效率、纯技术效率、规模效率，本章中将使用能全面反映地方政府投资效率的技术效率测算值作为度量指标，实证研究财政分权对地方政府投资技术效率的影响，使用 CRS 作为地方政府投资技术效率的代理变量，实证模型如下：

$$CRS_{it} = a_0 + a_1 FD_{it} + a_2 COMP_{it} + \beta X_{it} + \eta_i + \eta_t + \varepsilon_{it} \quad (6-4)$$

其中，FD 是财政分权变量，COMP 是地方政府竞争变量，X 代表着一系列的控制变量，i、t 分别代表着第 i 省份和第 t 年，a_0、a_1、a_2 是回归系数，β 是系数矩阵，η_t 和 η_i 分别用于控制无法观测到的地区效应和时间效应，ε_{it} 是随机扰动项。

6.2.2 变量的定义

（1）财政分权（FD）。财政分权是本书的核心解释变量之一，财政分权指标既代表着中央向地方下放的经济权力，也可表征地方财力大小。一般而言，财政分权度越高，地方政府拥有的经济性自主决策权限范围就越大，它们就越会根据本级政府偏好改变财政支出方向。在现有的实证研究文献中，因为学者们根据研究对象不同而设计了多种财政分权指标，关于何种财政分权指标具有更好的代表性在学者之间尚未达成共识。本书借鉴多位学者（吴延兵，2017；陈硕和高琳，2012；张晏和龚六堂，2005；傅勇和张晏，2007；乔宝云等，2005）的做法，将财政分权分为财政收入分权和财政支出分权，分别用于度量中央和地方财政分配关系，具体如下：

$$\text{财政收入分权指标}1 = \frac{\text{省本级预算内财政收入}}{\text{中央本级或全国预算内财政收入}} \tag{6-5}$$

$$\text{财政支出分权指标}1 = \frac{\text{省本级预算内财政支出}}{\text{中央本级或全国预算内财政支出}} \tag{6-6}$$

$$\text{财政收入分权指标}2 = \frac{\text{各省份预算内人均本级财政收入}}{\text{中央预算内人均本级财政收入}} \tag{6-7}$$

$$\text{财政支出分权指标}2 = \frac{\text{各省份预算内人均本级财政支出}}{\text{中央预算内人均本级财政支出}} \tag{6-8}$$

综上所述，本书共使用8种财政收入分权指标和财政支出分权指标研究它们与地方政府投资规模和技术效率的关系，用多指标的实证回归结果验证本书关于财政分权的研究假说，从而得到更加稳健的研究结论。

（2）地方政府竞争（COMP）。在"中国式分权"制度环境下，吸引流动性较强的资本要素到辖区投资是地方官员推动经济快速增长的主要抓手。为捕捉地方政府为增长而竞争的机制，本书将设计地方政府竞争指标。在目前实证研究文献中，地方政府竞争指标主要有四个：一是周黎安（2004）所使用的地区基础设施水平和官员晋升的激励；二是张军等（2007）使用的各地方实际利用人均外商直接投资；三是傅勇和张晏（2007）构造的各地方外商投资企业的相对实际税率；四是郑磊（2008）使用地方政府吸引的FDI占全国当年FDI的比重作为衡量政府竞争度的代理变量。本书将参照使用第四种方法，同时辅助使用第二种方法。

（3）经济发展水平（LnGDP）。用LnGDP代表辖区经济发展水平，具体用人均实际GDP的对数值表示，以2000年各省区市人均GDP为基期，用各省区市历年CPI进行换算，得到实际人均GDP并

第6章 财政分权影响地方政府投资绩效的实证检验

取对数。一般而言,基础设施作为正常品,它会随着辖区经济发展水平的提高而增加,相应地形成对政府投资基础设施的需求(张广南和陈广汉,2009)。

(4)城镇化(URBAN)。改革开放四十年来,我国城镇化水平不断提高,农村人口持续性向城市聚集,在城镇化过程中,必然需要大量的供水、供电、交通、通信、医院、学校、桥梁等基础设施建设。因此,从理论上分析,城镇化进程对政府投资是具有显著正向作用。但张秀利(2014)的研究成果表明,在我国政府主导型的城镇化进程,政府作为投资主体所进行的固定资产投资有利地推动了城镇化,而城镇化并未直接推动政府投资的提高,所以两者间是政府投资推动了城镇化建设,而城镇化对政府投资的影响并不显著。本书使用辖区城镇人口占总人口的比重作为城镇化的度量指标,用来控制人口聚集密度对政府投资的影响。

(5)中央净转移支付(TRF)。中央转移支付的增加会改变地方政府所面临的预算约束条件,地方政府会因此而重新调整地方财政收支,其中投资支出可能是地方政府财政支出调整的重点(苑德宇和宋小宁,2015);Kappeler等(2013)以20个欧盟国家为研究对象,他们的研究成果表明来自中央政府的建设补助资金对于提高全社会的基础设施投资具有显著的正向推动作用;付文林和沈坤荣(2012)研究发现,地方政府在获得来自上级政府的财政补助后,并没有用于中央政府偏好的公共服务均等化,更多的财政资金被用于基本建设和行政管理。为控制中央转移支付增加而软化地方预算条件所带来的政府投资增加,将使用中央净转移支付用于控制该效应。具体用地方政府当年的中央转移支付收入减去地方上解支出,并进行人均化。

(6)人口规模(PE)。该指标用于控制各地区人口规模因素对地方政府投资的影响,具体用各地区年末常住人口表示。从理论上分析,辖区人口规模的增加,会使人们的居住环境出现拥挤效应,需要政府投入更多的资源用于基础设施建设,所以人口规模有可能会正向促进政府投资规模的扩张。当然由于基础设施存在着非竞争性,辖区人口规模的增加也可能不会增强对基础设施的需求。张延和赵艳朋(2017)年的研究成果表明人口因素对基础设施投资的影响为负。

(7)财政压力(CP)。该指标是用地方政府当年度(一般预算支出-一般预算收入)/一般预算收入计算所得。通常而言,地方政府受制于稀缺的财政资金会减少投资,但这实际上就意味着其主动弃权参与"晋升锦标赛"。傅勇和张晏(2007)研究发现,"中国式分权"造就了地方政府重视经济建设,轻视公共服务的扭曲性财政支出结构。所以地方官员面对财政压力更可能会激励其采取激进的手段,将有限的财政资源优先用于经济建设性支出。

(8)对外开放度(OPEN)。该指标采用地区进出口贸易额占GDP的比重进行度量,因为统计年鉴中进出口贸易额使用美元计价,所以需要结合当年度人民币汇率换算为人民币计价。

(9)产业结构(FNH)。该指标用辖区年度内第二产业、第三产业增加值和当年GDP的比重来度量。

(10)通货膨胀率(CPI)。该指标是用固定资产投资价格指数并以2000年为基年进行了相应的调整。

各变量的定义如表6-1所示。

表6-1　　　　　　　　　　变量定义

GI1	预算内资金固定资产投资	预算内资金来源/全社会固定资产投资
GI2	人均预算内资金固定资产投资	人均预算内资金来源的政府投资
GI3	逐项累加法的政府投资	公共性一般公共预算支出相加/GDP
GI4	全社会固定资产投资	全社会固定资产投资/GDP
GI5	人均全社会固定资产投资	人均全社会固定资产投资
COMP1	地方政府竞争:人均FDI	FDI总额/本省总人口
COMP2	地方政府竞争:分省份比例	各省吸引FDI占全国FDI的比例
FD1	财政分权指标1	各省人均财政收入/全国人均财政收入
FD2	财政分权指标2	各省人均财政支出/全国人均财政支出

续表

FD3	财政分权指标3	各省财政收入/全国财政收入
FD4	财政分权指标4	各省财政支出/全国财政支出
FD5	财政分权指标5	各省人均财政收入/中央本级人均财政收入
FD6	财政分权指标6	各省人均财政支出/中央本级人均财政支出
FD7	财政分权指标7	各省财政收入/中央本级财政收入
FD8	财政分权指标8	各省财政支出/中央本级财政支出
GDP1	经济发展水平	2000年为基期的实际收入水平
GDP2	经济发展水平	2007年为基期的实际收入水平
URBAN	城市化	城镇人口除当地总人口
OPEN	对外开放	进出口贸易除GDO
FNH	产业结构	第二、第三产业产值除GDP
TRF	中央财力净转移	(中央补助－地方上解)/分省总人口
PE	人口规模	当地人口数量
CP	财政缺口	(一般预算支出－一般预算收入)/一般预算收入
CPI	通货膨胀率	固定资产投资价格指数，以2000年为基期

6.2.3 数据来源

本书的研究重点是地方政府投资规模和技术效率，其中技术效率由前面测算得到。关于地方政府投资规模，根据前面的指标计算方法，需要用到预算内资金来源的固定资产投资，一般预算公共支出表中的几项支出科目决算额，考虑到数据可得性以及指标一致性，本章收集整理了除西藏外全国30个省级政府的相关数据。

（1）被解释变量方面：预算内资金来源的样本期间为2003~2016年，数据来自2004~2017年的各省区市统计年鉴；逐项累加法计算的地方政府投资规模的样本期间为2007~2016年，数据来自2008~2017年《中国财政年鉴》。

（2）解释变量方面：财政分权、地方政府竞争、经济发展水平、对外开放、城市化、产业结构、中央净财力转移支付、人口规模、通货膨胀率与财力缺口等指标计算中所用到的原始数据均来自《中国统计年鉴》《中国财政年鉴》，分省份的《统计年鉴》，解释变量的样本期间与被解释变量保持一致。

（3）使用两类政府投资指标计算方法进行实证分析的面板数据描述性统计结果分别如表6-2和表6-3所示。

（4）地方政府投资技术效率的数据由5.1节使用DEA方法测算所得，如表6-2所示。

表6-2 用预算内资金度量地方政府投资规模数据的描述性统计

变量名称	观测值	均值	标准差	最小值	最大值
GI1	420	6.1	3.931	0.661	23.747
GI2	420	977.424	1055.689	77.917	9993.155
COMP1	420	937.278	1214.654	6.579	8509.244
COMP2	420	5.726	6.547	0.012	32.009
FD1	420	57.437	51.322	18.803	309.833
FD2	420	96.368	49.955	38.862	343.793
FD3	420	1.646	1.31	0.102	6.51
FD4	420	2.647	1.319	0.428	7.294
FD5	420	114.742	101.385	34.274	592.561
FD6	420	523.626	295.979	129.101	1487.644
FD7	420	3.296	2.65	0.186	14.358
FD8	420	14.438	8.398	1.42	50.222
TRF	420	2891.468	2598.581	322.232	18000
GDP1	420	26000	17000	3531.304	88000
URBAN	420	50.012	14.005	21.047	89.8
OPEN	420	32.424	39.754	3.215	172.148
FNH	420	87.351	6.652	60.774	99.612
PE	420	4415.406	2654.74	534	1100
CP	420	123.343	92.955	5.17	574.47
CPI	420	1.237	0.139	1	1.536

第6章 财政分权影响地方政府投资绩效的实证检验

表6-3 逐项累加法计算得到地方政府投资规模的描述性统计

变量名称	观测值	均值	标准差	最小值	最大值
LnGI2	300	7.551	3.75	2.116	26.04
COMP1	300	1087.27	1334.11	14.1	8509.24
COMP2	300	6.236	6.632	0.012	32.009
FD1	300	58.01	46.463	19.29	258.759
FD2	300	98.815	44.206	51.34	280.552
FD3	300	1.693	1.303	0.11	6.51
FD4	300	2.741	1.291	0.486	7.294
FD5	300	118.859	94.95	35.676	505.8
FD6	300	598.926	285.633	230.78	1487.64
FD7	300	3.471	2.7	0.204	14.358
FD8	300	16.625	8.453	2.114	50.222
TRF	300	3659.29	2699.12	512.19	18000
GDP2	300	35000	19000	6915	94000
URBAN	300	52.691	13.13	28.24	89.8
OPEN	300	30.715	36.875	3.215	172.148
FNH	300	88.715	5.655	67.969	99.612
PE	300	4467.48	2677.04	552	11000
CP	300	124.973	96.887	5.17	574.47
CPI	300	1.142	0.073	1	1.291

表6-4 地方政府投资技术效率的描述性统计

变量名称	观测值	均值	标准差	最小值	最大值
CRS	300	0.371	0.283	0.01	1
COMP1	300	1087.273	1334.11	14.1	8509.244
COMP2	300	6.236	6.632	0.012	32.009
FD1	300	58.01	46.463	19.29	258.759
FD2	300	98.815	44.206	51.34	280.552
FD3	300	1.693	1.303	0.11	6.51
FD4	300	2.741	1.291	0.486	7.294

续表

变量名称	观测值	均值	标准差	最小值	最大值
FD5	300	118.859	94.95	35.676	505.8
FD6	300	598.926	285.633	230.782	1487.644
FD7	300	3.471	2.7	0.204	14.358
FD8	300	16.625	8.453	2.114	50.222
TRF	300	3659.291	2699.121	512.197	18000
GDP2	300	35000	19000	6915	94000
URBAN	300	52.691	13.13	28.24	89.8
OPEN	300	30.715	36.875	3.215	172.148
FNH	300	88.715	5.655	67.969	99.612
PE	300	4467.482	2677.047	552	11000
CP	300	124.973	96.887	5.17	574.47
CPI	300	1.142	0.073	1	1.291

6.3 财政分权影响地方政府投资规模的实证分析

如前所述，本章采用预算内资金来源的固定资产投资来度量地方政府投资规模和逐项累加法计算得到地方政府投资规模两类指标做了比较全面的分析。

6.3.1 基于预算内资金来源的固定资产投资度量地方政府投资规模

本章首先报告预算内资金来源的固定资产投资作为度量地方政府投资规模指标的实证回归结果。表 6-5 是汇报了单独考察财政分权和地方政府竞争两个核心解释变量与地方政府投资规模之间的关系。表 6-5 中第 1 列是使用财政收入分权指标（FD1）的回归结果，可以看出财政收入分权（FD1）与预算内资金来源的固定资产投资之间是负相关，且在1%的水平上显著。第2列是反映财政支出分权指标（FD2）的回归结果，可以看出财政支出分权与预算内资金来源的固定资产投资同样是负相关，且在1%的统计水平上显著。第3列同样是财政收入分权指标（FD5），它与预算内资金来源的固定资产投资同样是负相关，显著性程度稍有降低，在5%的水平上显著。

表6-5 财政分权、地方政府竞争与地方政府投资规模（Ⅰ）
（基于预算内资金来源）

变量	1 GI1 FD1	2 GI1 FD2	3 GI1 FD5	4 LnGI2 FD2	5 LnGI2 Comp2	6 LnGI2 Lncomp1
FD	-0.0253*** (-3.0261)	-0.0170*** (-2.8938)	-0.0089** (-2.163)	-0.0045* (-1.7381)		
COMP					0.0756* (1.7323)	0.1575** (2.5544)
TRF	0.0002 (1.2827)	0.0002 (1.3861)	0.0001 (0.9243)	0.0001** (2.1399)	0.0002 (1.2842)	0.0001*** (3.9335)
URBAN	0.0177 (0.4067)	0.0110 (0.2467)	-0.0100 (-0.215)	0.0262*** (3.0579)	-0.0014 (-0.0307)	0.0362*** (3.5874)
OPEN	-0.0546** (-2.5269)	-0.0519** (-2.2690)	-0.058*** (-3.088)	-0.0140*** (-4.7948)	-0.0541** (-2.3865)	-0.0124** (-2.6604)
FNH	0.0890** (2.6066)	0.0932** (2.6859)	0.0747** (2.064)	-0.0009 (-0.1395)	0.1005*** (3.1862)	0.0068 (0.9706)
CP	0.0255*** (3.9853)	0.0291*** (4.3266)	0.0274*** (4.0645)	0.0040*** (3.0148)	0.0298*** (4.3463)	0.0036** (2.5639)
CPI	0.6900 (0.3038)	1.4679 (0.6655)	-1.7570 (-0.803)	0.2164 (0.4656)	1.6326 (0.7113)	1.4597*** (2.7956)
PE	0.0004 (0.3434)	0.0004 (0.3803)	0.0006 (0.5524)	0.0002 (0.3402)	0.0012 (1.1198)	0.0002 (1.0244)
LnGDP1	-1.5560+ (-1.5170)	-1.7960+ (-1.693)	-1.8773+ (-1.875)	1.1101*** (7.2035)	-2.1893** (-2.0948)	1.0915*** (6.2853)
_cons	10.0302 (1.2274)	10.8003 (1.2927)	9.5215 (1.1252)	4.1877 (0.5506)	8.9449 (1.0561)	-6.9569*** (-4.9783)

续表

变量	1	2	3	4	5	6
	GI1	GI1	GI1	LnGI2	LnGI2	LnGI2
	FD1	FD2	FD5	FD2	Comp2	Lncomp1
N	420	420	420	420	420	420
F	14.3977	15.5864	9.8492	123.7125	15.5311	91.2072
r2_w	0.3084	0.3045	0.2861	0.8644	0.2999	0.8483
模型类型	FE	FE	FE	FE	FE	FE

注：括号内是异方差稳健（Robust）系数估计值的 t 值；$^+ p<0.15$，$^* p<0.1$，$^{**} p<0.05$，$^{***} p<0.01$；所有回归结果均已控制了年份虚拟变量。FE 模型为异方差稳健的双向固定效应模型。

财政收入分权、财政支出分权与地方政府投资规模负相关，这与其他学者的研究结果不太一致，张延和赵艳朋（2017）基于全国30个省级政府2002~2014年的数据，研究成果表明地方政府获得财政收支自由权有利于增加辖区的基础设施建设。我们认为本书的研究结论与其他学者有差异，可能是因为双方的被解释变量不一致所造成的，张延和赵艳朋是将"水利、环境和公共设施管理业""电力、燃气与水的生产和供应业"和"交通运输仓储邮政业"的行业固定资产投资加总，并作为地方基础设施投资的度量指标。本书的被解释变量 GI1 是使用预算内资金固定资产投资/全社会固定资产投资作为度量指标，它主要反映的是预算内资金在全社会固定资产投资中的重要性。我们认为之所以财政收入分权和财政支出分权指标均与 GI1 之间呈现1%、5%水平上的负相关关系，可能的原因在于财政分权度较高的地区多是经济发展水平较高的地区，外资、国有、民营等市场参与者主体的力量比较强大，市场活力较强，有能力和动力在地区固定资产投资中发挥重要作用，预算内资金在地方固定资产投资中的重要性会有所下降。另外，财政分权度较低的地区可能受限于辖区财力，在企业等投资主体实力不足的情况下，地方政府为实现辖区的 GDP 增长和税收、就业等目标，反而会加大财政资金投资固定资产的力度。综上所述,财政分权与预算内资金度量的地方政府投资规模之间可能是负相关关系。

第5列和第6列是考察地方政府竞争与地方政府投资规模之间的关系,两种地方政府竞争指标均与地方政府投资规模之间是正相关关系,分别在10%、5%的水平上显著,这说明地方政府竞争促使地方政府动用预算内资金用于固定资产投资。

表6-6是同时分析财政分权、地方政府竞争和预算内资金来源的固定资产投资之间的关系,其中第1列~第3列的被解释变量是预算内资金/全社会固定资产投资,第4列~第7列是以人均实际全社会固定资产投资,该指标已使用2000年为基期的固定资产投资价格指数换算,并取对数。

从表6-6可以看出,被解释变量度量指标的变化并没有改变财政分权与预算内资金固定资产投资度量的地方政府投资规模之间的负相关关系。从财政收入分权指标的第1列和第3列可以看出,财政收入分权与地方政府投资规模之间均是负相关关系,且分别在1%和5%的水平显著。从反映财政支出分权指标的第2、第4列~第7列可以看出,财政支出分权与地方政府投资规模之间是负相关关系,分别在1%、5%、10%的水平上显著。无论是被解释变量指标的变化和财政收支分权指标的改变,均没有影响本章研究假说H6-2中关于预算内资金的固定资产投资与财政分权之间的负相关关系的研究假设,这说明本章的研究假说H6-2是合理的和可信的。

关于地方政府竞争指标,本章分别使用了张军等(2007)的人均实际FDI(COMP2)和郑磊(2008)各省区市FDI占全国FDI比重两种指标。从表6-6可以看出,反映地方政府竞争的两种指标与地方政府投资规模之间均是正相关关系,且在10%、5%的水平上显著。这说明地方政府为吸引流动性资本要素到本辖区落户投资,可能会使用财政支出竞争的手段,通过辖区投资环境的改善增强对资本要素的吸引力,尤其是外商直接投资。

表 6-6　财政分权、地方政府竞争与地方政府投资规模（Ⅱ）
（基于预算内资金来源）

变量	1	2	3	4	5	6	7
	GI1	GI1	GI1	LnGI2	LnGI2	LnGI2	LnGI2
	FD1	FD2	FD5	FD4	FD6	FD4	FD6
FD	-0.0292***	-0.0197***	-0.0096***	-0.0271**	-0.0011**	-0.0234*	-0.0012*
	(-3.5709)	(-3.6762)	(-2.5098)	(-2.183)	(-2.3580)	(-1.751)	(-1.7267)
COMP2	0.0823*	0.0753*	0.0846*	0.0275**	0.0220*		
	(1.9259)	(1.7390)	(2.0041)	(2.3856)	(1.8259)		
LnCOMP1						0.1610**	0.1495**
						(2.5867)	(2.2095)
TRF	0.0002	0.0002	0.0002	0.000***	0.0001***	0.000***	0.0001***
	(1.2851)	(1.3533)	(1.1537)	(3.1324)	(3.1155)	(4.0716)	(3.4843)
URBAN	-0.0044	-0.0123	-0.0141	0.0148*	0.0181**	0.033***	0.0341***
	(-0.1080)	(-0.2912)	(-0.3098)	(1.8905)	(2.2948)	(3.3284)	(3.6091)
OPEN	-0.0559***	-0.054***	-0.057***	-0.0097***	-0.0126***	-0.0113**	-0.0131***
	(-2.9395)	(-2.8090)	(-3.0955)	(-2.6501)	(-3.7285)	(-2.614)	(-3.0076)
FNH	0.0733*	0.0770**	0.0761**	-0.0035	-0.0020	0.0081	0.0096
	(1.9852)	(2.0658)	(2.0867)	(-0.5005)	(-0.2782)	(1.1471)	(1.2756)
CP	0.0268***	0.0307***	0.0283***	0.0010	0.0042***	0.0005	0.0035**
	(4.0214)	(4.6337)	(4.1096)	(0.5177)	(3.3741)	(0.2559)	(2.7149)
CPI	-2.3295	-1.6484	-2.3203	-0.1432	0.2245	1.4458***	1.8118***
	(-1.1033)	(-0.7957)	(-1.0838)	(-0.3152)	(0.4716)	(2.9390)	(3.3054)
PE	0.0011	0.0012	0.0014	0.0004**	0.0003*	0.0003	0.0002
	(1.0897)	(1.1679)	(1.3266)	(2.1218)	(1.7069)	(1.2134)	(0.7468)
LnGDP1	-0.0000	-0.0000	-0.0000	0.0000	0.0000	0.0000	0.0000
	(-0.9106)	(-1.1255)	(-0.6333)	(0.5044)	(0.7355)	(0.7355)	(1.1975)
_cons	-2.0443	-3.4309	-4.0246	1.9391*	0.2273	1.2536	-0.0360
	(-0.4341)	(-0.7364)	(-0.8595)	(1.5646)	(0.8396)	(1.0283)	(-0.0357)
N	420	420	420	420	420	420	420
F	19.1848	21.3881	18.8256	148.2039	134.8355	85.0280	100.1790
r2_w	0.3134	0.3073	0.2967	0.8694	0.8689	0.8526	0.8530
模型类型	FE	FE	FE	FE	FE	FE	FE

注：括号内是异方差稳健（Robust）系数估计值的 t 值；+ p < 0.15, * p < 0.1, ** p < 0.05, *** p < 0.01；所有回归结果均已控制了年份虚拟变量。FE 模型为异方差稳健的双向固定效应模型。

第6章 财政分权影响地方政府投资绩效的实证检验

从控制变量看，中央净转移支付（TRF）与预算内资金的固定资产投资之间是正相关关系，且在1%的水平显著。转移支付是调节中央与地方之间财力的重要制度，来自中央的转移支付会软化地方政府面临的预算约束条件，地方政府为实现政治、经济利益最大化，会调整其财政收支行为，其中政府投资支出是其首要调整项目，随着中央净转移支付的增加，地方政府获得了增加政府投资的财力。付文林和沈坤荣（2012）研究发现地方政府将中央转移支付更多用于经济建设和行政管理支出，并非中央偏好的公共服务均等化。苑德宇和宋小宁（2015）利用1995～2006年的省级面板数据，实证分析了转移支付与地方政府投资之间的机制，他们的研究成果表明，无论是专项转移支付还是一般性转移支付都会正向推动政府投资，且一般性转移支付的影响力更加强劲。

城镇化（URBAN）在被解释变量为LnGI2时，两者正相关且在1%的水平上显著，可能原因在于我国城镇化进程受辖区工业化程度的影响较大，地方政府在工业化过程中进行大量的供水、供电、交通、通讯等基础设施建设，所以城镇化水平的提升会增加对地方政府投资的需求。

经济开放度（OPEN）与预算内资金的固定资产投资负相关，且在1%的水平显著，可能原因在于经济开放度更高的地区，企业与私人等民间投资力量比较活跃，它们的投资规模能够较好地完成辖区的政治经济目标，财政资源可以更多地用于教育、医疗等中央政府偏好的民生事业方面。

财政缺口（CP）与预算内资金的固定资产投资正相关，且在1%的水平显著，可能原因在于我国税制结构中增值税、营业税等间接税种占据重要地位，且企业所得税为国税局征收，地方政府在面对财政缺口时会更加有动机致力于辖区投资环境改善，吸引各类资本要素到本辖区投资，扩大投资规模，用财政投资撬动更大规模的投资，分享投资带来的收益。

其他控制变量在模型中并不显著，且符号与其他学者的研究基本一致，在此不再一一陈述。

6.3.2 基于逐项累加法计算得到地方政府投资规模

张勇和古明明（2011）指出只用预算内资金来源的固定资产投资度量地方政府投资规模很容易低估政府投资的实际规模。但是在《中国统计年鉴》《中国财政年鉴》等统计资料中并没有明确统计政府投资支出科目，所以学者们使用逐项累加的方法将一般公共预算中具有公共性、基础性的支出科目加总得到政府投资规模的数据（苑德宇和宋小宁，2015；张卫国等，2010；刘生龙等，2015）。本章借鉴刘生龙等（2015）的做法，将 2007 年政府支出分类改革后具有公共性、基础性的农林水和交通运输等几项支出科目加总得到了地方政府投资规模指标（GI3）。

表 6-7 是单独分析财政分权变量与逐项累加法计算得到的地方政府投资规模之间的关系，从第 1 列~第 9 列可以看出，无论是总量意义上的财政收入分权指标（FD3、FD7）、财政支出分权指标（FD4、FD8），还是人均意义上的财政收入分权指标（FD1、FD5）、财政支出分权指标（FD2、FD6），财政分权与地方政府投资规模之间都是正相关关系，且在 1% 或 5% 的水平上显著。财政分权是实证研究中经济性分权的常用指标，财政分权度越高，意味着地方政府从中央获得了越多的经济自主权和资源支配权，地方政府从辖区经济发展中分享的比例也越高。在"中国式分权"制度环境下，无论是地方官员个体的政治晋升利益，还是地方政府群体的经济收益，均与辖区快速经济增长有着密切关系，而投资作为地方政府推动经济增长最快捷有力的政策手段，尤其受到重视。所以财政分权度越高，地方政府越有积极性扩大投资规模，积极发展辖区经济，分享经济发展成果，实现政治经济收益最大化。

第6章 财政分权影响地方政府投资绩效的实证检验

表6–7 财政分权与地方政府投资规模

（基于逐项累加法）

变量	1 GI3 FD1	2 GI3 FD2	3 GI3 FD3	4 GI3 FD4	5 GI3 FD5	6 GI3 FD6	7 GI3 FD7	8 GI3 FD8
FD	0.0429*** (3.9591)	0.0301*** (3.6399)	1.9364*** (3.7508)	1.8316*** (5.0268)	0.0286*** (4.4988)	0.0060*** (4.0750)	0.7842** (2.6688)	0.1147** (2.4738)
TRF	0.0010*** (8.5434)	0.0009*** (9.0305)	0.0011*** (11.3564)	0.0010*** (9.2307)	0.0010*** (8.3677)	0.0008*** (6.0378)	0.0011*** (12.4863)	0.0011*** (8.9084)
URBAN	0.0019 (0.0758)	0.0107 (0.3839)	0.0006 (0.0177)	0.0077 (0.2786)	−0.0119 (−0.5662)	0.0162 (0.7955)	−0.0050 (−0.1252)	0.0194 (0.5650)
OPEN	−0.0335*** (−3.3520)	−0.0378*** (−3.4596)	−0.0286*** (−2.8283)	−0.0353*** (−3.1823)	−0.0198* (−2.0058)	−0.0206** (−2.2329)	−0.0235** (−2.2666)	−0.0302*** (−3.1336)
FNH	0.1321** (2.6585)	0.1264** (2.4059)	0.1294** (2.5321)	0.1241** (2.2537)	0.1234** (2.4978)	0.0937* (1.7599)	0.1437*** (2.8174)	0.1494*** (2.7914)
CP	0.0111 (1.0790)	0.0060 (0.6042)	0.0114 (1.0234)	0.0067 (0.7342)	0.0138 (1.2591)	0.0081 (0.7779)	0.0106 (0.9675)	0.0066 (0.7011)
CPI	5.2302** (2.5628)	3.9128* (1.8542)	4.5310** (2.2438)	3.2764 (1.5120)	4.8345** (2.3037)	−0.9939 (−0.4070)	3.9856* (1.9640)	1.4811 (0.5785)
PE	0.0012 (1.4250)	0.0012 (1.3587)	0.0003 (0.4814)	0.0004 (0.6136)	0.0010* (1.5269)	0.0006 (1.0637)	−0.0004 (−0.4696)	−0.0005 (−0.5532)
LnGDP2	−3.3053*** (−3.0661)	−2.7442** (−2.5405)	−3.4957*** (−3.3894)	−3.2762*** (−2.7106)	−3.5893*** (−3.5418)	−2.4126** (−2.2919)	−3.6938*** (−3.5905)	−3.5392*** (−2.7461)
_cons	12.2370 (1.2668)	8.6142 (0.9234)	17.7690** (2.0525)	15.7176* (1.6255)	16.1211* (1.8774)	14.9533** (2.0630)	23.0912*** (2.8985)	24.4814** (2.2984)
N	300	300	300	300	300	300	300	300
F	113.3091	139.3331	108.7355	104.1229	106.3423	141.8090	100.3330	88.1693
r2_w	0.8083	0.8068	0.8051	0.8214	0.8188	0.8115	0.8002	0.7922
模型类型	FE	FE	FE	FE	FE	FE	FE	FE

注：括号内是异方差稳健（Robust）系数估计值的 t 值；+ $p<0.15$，* $p<0.1$，** $p<0.05$，*** $p<0.01$；所有回归结果均已控制了年份虚拟变量。FE 模型为异方差稳健的双向固定效应模型。

表 6-8 是同时分析财政分权、地方政府竞争与逐项累加法的地方政府投资规模指标之间的关系，从第 1 列~第 5 列可以看出，财政分权与地方政府投资规模之间是正相关关系，且在 1% 水平显著，这说明本章的研究假说 H6-1 具有一定的合理性和可信性。地方政府竞争（COMP2）与地方政府投资规模之间是正相关关系，且在 10% 水平显著，说明地方政府在激烈的"招商引资"大战中倾向于利用财政支出竞争的手段，提升辖区的投资价值。控制变量方面，地方政府投资规模指标的变化并未对彼此间的关系和显著性造成影响，在此不再赘述。

表 6-8　财政分权、地方政府竞争与地方政府投资规模（Ⅲ）
（基于逐项累加法）

变量	1	2	3	4	5
	GI3	GI3	GI3	GI3	GI3
	FD1	FD2	FD3	FD4	FD7
FD	0.0418*** (4.5762)	0.0301*** (4.1654)	1.8446*** (4.0478)	1.7909*** (5.2930)	0.7446*** (2.8919)
COMP2	0.0414* (1.7074)	0.0498* (2.0058)	0.0319* (1.7643)	0.0367* (1.7152)	0.0373* (1.7862)
TRF	0.0010*** (9.0165)	0.0009*** (9.8151)	0.0011*** (11.6688)	0.0010*** (9.6495)	0.0011*** (12.8692)
URBAN	-0.0007 (-0.0278)	0.0070 (0.2570)	-0.0008 (-0.0265)	0.0053 (0.1949)	-0.0064 (-0.1693)
OPEN	-0.0333*** (-3.3736)	-0.0376*** (-3.4125)	-0.0286*** (-2.8979)	-0.0351*** (-3.1699)	-0.0238** (-2.3650)
FNH	0.1280** (2.5888)	0.1214** (2.3373)	0.1265** (2.4689)	0.1207** (2.2074)	0.1396** (2.7309)
CP	0.0117 (1.1076)	0.0068 (0.6698)	0.0117 (1.0369)	0.0073 (0.7770)	0.0111 (0.9897)
CPI	4.9302** (2.4152)	3.5979* (1.7141)	4.2890** (2.0820)	3.0533 (1.3999)	3.7345* (1.7983)

续表

变量	1	2	3	4	5
	GI3	GI3	GI3	GI3	GI3
	FD1	FD2	FD3	FD4	FD7
PE	0.0013 + (1.6565)	0.0014 * (1.7072)	0.0005 (0.6768)	0.0006 (0.8721)	-0.0002 (-0.2347)
LnGDP2	-3.3410 *** (-3.2117)	-2.8102 ** (-2.7409)	-3.4924 *** (-3.4512)	-3.3084 *** (-2.8138)	-3.6847 *** (-3.6896)
_cons	12.4280 (1.2984)	8.8853 (0.9695)	17.6156 * (2.0169)	15.8096 + (1.6336)	22.6770 *** (2.8541)
N	300	300	300	300	300
F	117.3278	149.3127	105.5962	104.5355	101.5915
r2_w	0.8112	0.8111	0.8068	0.8236	0.8025
模型类型	FE	FE	FE	FE	FE

注：括号内是异方差稳健（Robust）系数估计值的 t 值；+ $p<0.15$，* $p<0.1$，** $p<0.05$，*** $p<0.01$；所有回归结果均已控制了年份虚拟变量。FE 模型为异方差稳健的双向固定效应模型。

6.4 财政分权影响地方政府投资技术效率的实证分析

本章利用第 5 章中用 DEA 方法测算出的地方政府投资技术效率作为被解释变量，实证研究财政分权对地方政府投资技术效率的影响。实证回归结果的汇报顺序为先单独分析财政分权与地方政府投资技术效率之间的关系，然后是分别用 COMP2、Lncomp1 作为地方政府竞争的度量指标，分别分析两种情况下它们与地方政府投资技术效率之间的关系。总的回归结果如表 6-9、表 6-10 和表 6-11 所示。

表6-9　　　　　　　财政分权与地方政府投资技术效率

变量	1 CRS FD1	2 CRS FD2	3 CRS FD3	4 CRS FD4	5 CRS FD5	6 CRS FD6	7 CRS FD7	8 CRS FD8
FD	0.0018* (1.6767)	-0.0002 (-0.1401)	-0.0008 (-0.0127)	-0.0281 (-0.6111)	0.0017 (0.3426)	0.0001 (0.1263)	-0.0003 (-1.4584)	-0.0276 (-1.0498)
TRF	0.0000 (0.3939)	0.0000 (0.5989)	0.0000 (0.6455)	0.0000 (0.6490)	0.0000 (0.5691)	0.0000 (0.6287)	0.0000* (1.4899)	0.0000 (0.3231)
URBAN	0.0063 (1.1456)	0.0076 (1.3164)	0.0075 (1.3821)	0.0078 (1.4003)	0.0074 (1.3714)	0.0074 (1.3109)	0.0085* (1.5285)	0.0084* (1.6753)
OPEN	0.0040** (2.3168)	0.0039** (2.2672)	0.0039** (2.1559)	0.0038** (2.2631)	0.0038** (2.2660)	0.0039** (2.3399)	0.0031* (1.9344)	0.0035* (1.7981)
FNH	-0.0121*** (-2.8024)	-0.0128** (-2.7271)	-0.0127*** (-2.7605)	-0.0129*** (-2.7499)	-0.0130*** (-2.9260)	-0.0127*** (-2.8596)	-0.0108** (-2.3984)	-0.0130*** (-2.7955)
CP	-0.0005 (-1.1152)	-0.0007 (-1.4418)	-0.0007 (-1.4116)	-0.0006 (-1.3656)	-0.0005 (-0.9703)	-0.0007 (-1.3397)	-0.0006 (-1.2316)	-0.0007* (-1.5047)
CPI	0.1424 (0.2520)	0.1618 (0.2826)	0.1573 (0.2763)	0.2031 (0.3544)	0.1487 (0.2663)	0.1575 (0.2780)	0.1565 (0.2805)	0.1991 (0.3548)
PE	-0.0002* (-1.7371)	-0.0002* (-1.7019)	-0.0002* (-1.7458)	-0.0002 (-1.4716)	-0.0002* (-1.6130)	-0.0002* (-1.7108)	-0.0002* (-1.5402)	-0.0001 (-1.3254)
LnGDP2	0.2034 (1.1769)	0.3186* (1.7763)	0.3069* (1.6107)	0.3529* (2.0087)	0.3035* (1.6696)	0.3001* (1.6607)	0.3533* (2.0029)	0.3755* (1.8319)
_cons	-0.4497 (-0.2571)	-1.5158 (-0.8408)	-1.3975 (-0.7619)	-1.9028 (-1.0778)	-1.4553 (-0.8220)	-1.3339 (-0.7469)	-2.0206 (-1.1577)	-2.2041 (-1.1202)
N	300	300	300	300	300	300	300	300
F	15.8874	13.8860	9.2976	10.3194	10.7517	13.2988	15.0471	9.2855
r2_w	0.3312	0.3244	0.3244	0.3258	0.3251	0.3244	0.3324	0.3286
模型类型	FE	FE	FE	FE	FE	FE	FE	FE

注：括号内是异方差稳健（Robust）系数估计值的 t 值；$^+ p < 0.15$，$^* p < 0.1$，$^{**} p < 0.05$，$^{***} p < 0.01$；所有回归结果均已控制了年份虚拟变量。FE 模型为异方差稳健的双向固定效应模型。

第6章 财政分权影响地方政府投资绩效的实证检验

表 6-10 财政分权、地方政府竞争与地方政府投资技术效率（Ⅰ）

（主要变量为 CRS、FD、COMP2）

变量	1 CRS FD1	2 CRS FD2	3 CRS FD3	4 CRS FD4	5 CRS FD5	6 CRS FD6	7 CRS FD7	8 CRS FD8
FD	0.0019* (2.0043)	-0.0001 (-0.0866)	0.0124 (0.2261)	-0.0224 (-0.5509)	0.0033 (0.6737)	0.0002 (0.3793)	-0.0003 (-1.4698)	-0.0248 (-0.9783)
COMP2	-0.0033 (-0.9509)	-0.0025 (-0.8104)	-0.0027 (-0.8630)	-0.0023 (-0.8002)	-0.0036 (-0.9935)	-0.0027 (-0.8686)	-0.0019 (-0.6750)	-0.0021 (-0.7431)
TRF	0.0000 (0.2734)	0.0000 (0.5266)	0.0000 (0.5971)	0.0000 (0.5914)	0.0000 (0.4082)	0.0000 (0.5358)	0.0000+ (1.4872)	0.0000 (0.2991)
URBAN	0.0064 (1.1540)	0.0077 (1.3288)	0.0075 (1.3830)	0.0079 (1.4086)	0.0076 (1.3866)	0.0074 (1.3106)	0.0085 (1.5298)	0.0085* (1.6764)
OPEN	0.0041** (2.4058)	0.0039** (2.3217)	0.0039** (2.2346)	0.0038** (2.3123)	0.0038** (2.3904)	0.0040** (2.4415)	0.0031** (2.0028)	0.0035* (1.8421)
FNH	-0.0116** (-2.6972)	-0.0124** (-2.6959)	-0.0123** (-2.7122)	-0.0126** (-2.7125)	-0.0128*** (-2.9751)	-0.0125** (-2.8453)	-0.0107** (-2.4108)	-0.0127*** (-2.7668)
CP	-0.0006 (-1.1422)	-0.0007* (-1.5065)	-0.0007 (-1.4053)	-0.0007 (-1.4199)	-0.0004 (-0.7869)	-0.0007 (-1.3441)	-0.0006 (-1.2703)	-0.0008+ (-1.5006)
CPI	0.1343 (0.2260)	0.1545 (0.2609)	0.1428 (0.2431)	0.1890 (0.3219)	0.1340 (0.2313)	0.1531 (0.2598)	0.1527 (0.2667)	0.1907 (0.3311)
PE	-0.0002* (-1.8141)	-0.0002* (-1.7821)	-0.0002* (-1.8902)	-0.0002 (-1.5736)	-0.0002* (-1.7144)	-0.0002* (-1.7797)	-0.0002 (-1.6052)	-0.0001 (-1.4322)
LnGDP2	0.1904 (1.1075)	0.3122* (1.7657)	0.2890 (1.5225)	0.3423* (1.9718)	0.2998* (1.6926)	0.2895 (1.6212)	0.3494** (2.0130)	0.3676* (1.7945)
_cons	-0.2734 (-0.1533)	-1.4071 (-0.7837)	-1.1629 (-0.6369)	-1.7474 (-0.9994)	-1.4427 (-0.8364)	-1.1872 (-0.6575)	-1.9381 (-1.1132)	-2.0773 (-1.0500)
N	300	300	300	300	300	300	300	300
F	28.6130	17.6111	12.0513	10.6475	15.6634	18.8818	14.5666	8.3377
r2_w	0.3351	0.3269	0.3270	0.3277	0.3293	0.3272	0.3337	0.3302
模型类型	FE	FE	FE	FE	FE	FE	FE	FE

注：括号内是异方差稳健（Robust）系数估计值的 t 值；+ $p<0.15$，* $p<0.1$，** $p<0.05$，*** $p<0.01$；所有回归结果均已控制了年份虚拟变量。FE 模型为异方差稳健的双向固定效应模型。

表 6-11　　财政分权、地方政府竞争与地方政府投资技术效率（Ⅱ）
（主要变量为 CRS、FD、Lncomp1）

变量	1	2	3	4	5	6	7	8
	CRS	CRS	CRS	CRS	CRS	CRS	CRS	CRS
	FD1	FD2	FD3	FD4	FD5	FD6	FD7	FD8
FD	0.0018*	-0.0001	0.0005	-0.0265	0.0022	0.0001	-0.0003	-0.0279
	(1.8106)	(-0.1038)	(0.0077)	(-0.6109)	(0.4462)	(0.1838)	(-1.4615)	(-1.0728)
Lncomp1	-0.0104	-0.0083	-0.0085	-0.0076	-0.0106	-0.0087	-0.0066	-0.0090
	(-0.6062)	(-0.5210)	(-0.5302)	(-0.5206)	(-0.6281)	(-0.5381)	(-0.4464)	(-0.6210)
TRF	0.0000	0.0000	0.0000	0.0000	0.0000	0.0000	0.0000	0.0000
	(0.2168)	(0.4786)	(0.5038)	(0.5302)	(0.3703)	(0.4847)	(1.4429)	(0.1742)
URBAN	0.0062	0.0075	0.0074	0.0078	0.0073	0.0073	0.0084*	0.0083
	(1.1267)	(1.3032)	(1.3774)	(1.3889)	(1.3530)	(1.2954)	(1.5146)	(1.6684)
OPEN	0.0041**	0.0039**	0.0039**	0.0038**	0.0038**	0.0040**	0.0031*	0.0035*
	(2.3703)	(2.3053)	(2.2025)	(2.2997)	(2.3207)	(2.3943)	(1.9740)	(1.8369)
FNH	-0.0120***	-0.0127**	-0.0126**	-0.0128**	-0.0130***	-0.0127***	-0.0108**	-0.0129***
	(-2.7839)	(-2.7199)	(-2.7526)	(-2.7403)	(-2.9584)	(-2.8600)	(-2.4111)	(-2.7901)
CP	-0.0006	-0.0007	-0.0007	-0.0007	-0.0005	-0.0007	-0.0006	-0.0008*
	(-1.1275)	(-1.4633)	(-1.4004)	(-1.3791)	(-0.9228)	(-1.3379)	(-1.2360)	(-1.4916)
CPI	0.1262	0.1477	0.1436	0.1889	0.1302	0.1446	0.1466	0.1861
	(0.2170)	(0.2527)	(0.2476)	(0.3244)	(0.2281)	(0.2495)	(0.2582)	(0.3250)
PE	-0.0002*	-0.0002*	-0.0002*	-0.0002*	-0.0002*	-0.0002*	-0.0002*	-0.0001
	(-1.8192)	(-1.7894)	(-1.8711)	(-1.5815)	(-1.7098)	(-1.7862)	(-1.6184)	(-1.4406)
LnGDP2	0.2093	0.3225*	0.3129	0.3570*	0.3125*	0.3058*	0.3584**	0.3845*
	(1.2269)	(1.8183)	(1.6421)	(2.0265)	(1.7698)	(1.7122)	(2.0503)	(1.8787)
_cons	-0.3801	-1.4493	-1.3500	-1.8455	-1.4374	-1.2825	-1.9850	-2.1825
	(-0.2150)	(-0.8043)	(-0.7393)	(-1.0500)	(-0.8132)	(-0.7130)	(-1.1331)	(-1.1107)
N	300	300	300	300	300	300	300	300
F	23.1675	16.6288	10.1541	10.7571	12.7386	15.5050	14.4322	8.9043
r2_w	0.3325	0.3253	0.3252	0.3265	0.3264	0.3253	0.3329	0.3296
模型类型	FE	FE	FE	FE	FE	FE	FE	FE

注：括号内是异方差稳健（Robust）系数估计值的 t 值；+ $p<0.15$，* $p<0.1$，** $p<0.05$，*** $p<0.01$；所有回归结果均已控制了年份虚拟变量。FE 模型为异方差稳健的双向固定效应模型。

（1）财政分权（FD）。从表 6-10 和表 6-11 中可以看出，财政

第6章 财政分权影响地方政府投资绩效的实证检验

分权与地方政府投资技术效率之间在 FD1 的财政收入分权指标是正相关关系,且在 10% 的水平上显著,但其他财政分权指标与地方政府投资技术效率之间的关系并不显著。可能的原因在于,财政分权对地方政府投资技术效率既有提升效应,也有抑制效应。

提升效应表现在:地方政府在获取辖区居民偏好方面具有信息优势;最低行政水平的政府部门进行公共产品的决策更容易实现配置的有效性和分配的公平性;财政分权会强化地区间的竞争,促使地方政府降低成本,提高效率;地方政府可以绕过许多政策性障碍,不同地方政府还可以同时进行不同的政策试验,在制度创新方面更具有优势。

但另一方面,财政分权也有可能在一定程度上对地方政府投资技术效率带来抑制作用。第一,分散化的投资难以充分发挥规模效应;第二,由地方分散提供会导致那些跨辖区的具有外部性的公共物品供给不足;第三,制度创新也是一种公共物品。某个地方政府进行制度创新,相邻地区的政府就会模仿,当政府预期到这一点时,也会弱化制度创新的动力。

两种效应进行角逐,如果提升效应大于抑制效应,则财政分权与地方政府投资技术效率正相关;如果提升效应小于抑制效应,则财政分权与地方政府投资效率负相关。经过回归分析,发现财政分权与地方政府投资技术效率的关系不显著,说明两种效应势均力敌。此外,财政分权对地方政府投资技术效率是建立在一系列假定条件之上的,如人口自由流动、存在兼容地方政府官员和辖区居民利益的激励机制、合理的财权事权划分等,但实际上,中国的财政分权体制不能完全满足以上条件,所以财政分权对地方政府投资技术效率的提升效应可能会大打折扣。

(2)经济开放度(OPEN)。从表 6-9、表 6-10 和表 6-11 中可以看出,经济开放度与地方政府投资技术效率之间是正相关关系,且在 1%、5%、10% 的水平上显著,这说明地方经济开放度越高越有利于提高地方政府投资技术效率,可能原因在于,经济开放度较高的地区民企、国企、外资等各类经济主体的效率较高,会对地方政府投资技术效率产生激励效果,促使地方政府提高投资技术效率。

(3)产业结构(FNH)。从表6-9、表6-10和表6-11中可以看出,产业结构与地方政府投资技术效率之间是负相关关系,且在5%、1%的水平显著。需要强调的是,本章所使用的地方政府投资技术效率是基于预算内资金来源的固定资产投资测算所得,两者负相关的原因可能在于,产业结构较高的地区并不需要过多地方政府固定资产投资,更需要地方政府提供公共服务,此时如果地方政府没有及时对政府投资进行转型,反而会降低地方政府投资技术效率。

(4)经济发展水平(LnGDP2)。从表6-9、表6-10和表6-11中可以看出,经济发展水平与地方政府投资技术效率之间是正相关关系,且在5%、10%的水平显著,这说明经济发展水平的提升有助于提高地方政府投资技术效率。可能原因在于,随着辖区经济发展水平的提升,辖区民众对地方政府投资技术效率的要求也会提高,民众的监督有助于提高地方财政资金使用效率的提升。

6.5 小　　结

地方政府投资对辖区经济增长、税收、就业等公共目标密切相关,更会影响到地方官员的政治利益最大化,本章使用全国30个省级政府(西藏除外)的平衡面板数据,实证研究了财政分权、地方政府竞争与地方政府投资绩效之间的关系。主要结论如下:

(1)当使用预算内资金来源的固定资产投资作为地方政府投资规模的度量指标时,研究结果表明,财政分权与地方政府投资规模之间是负相关关系,且在1%、5%的水平显著,可能原因在于,财政分权度较高的地区多是经济发展水平较高的地区,外资、国有、民营

第6章 财政分权影响地方政府投资绩效的实证检验

等市场参与者主体的力量比较强大,市场活力较强,有能力和动力在地区固定资产投资中发挥重要作用,预算内资金在地方固定资产投资中的重要性会有所下降。另外,财政分权度较低的地区可能受限于辖区财力,在企业等投资主体实力不足的情况下,地方政府为实现辖区的 GDP 增长和税收、就业等目标,反而会加大财政资金投资固定资产的力度。关于预算内资金来源度量的地方政府投资规模与财政分权之间负相关关系的研究结论具有一定现实意义,即财政分权较高的地区在辖区固定资产投资方面更多地应借助企业等社会性的力量,为此类地区大力推广 PPP 的合作模式提供了经验分析支持。

(2) 当使用逐项累加法计算得到地方政府投资规模时,财政分权与地方政府投资规模之间是正相关关系,且在 1%、5%的水平显著。可能的原因在于,财政分权度越高,意味着地方政府从中央获得了越多的经济自主权和资源支配权,地方政府从辖区经济发展中分享的比例也越高。在"中国式分权"制度环境下,无论是地方官员个体的政治晋升利益,还是地方政府群体的经济收益,均与辖区快速经济增长有着密切关系,而投资作为地方政府推动经济增长最快捷有力的政策手段,尤其受到重视。所以财政分权度越高,地方政府越有积极性扩大投资规模,积极发展辖区经济,分享经济发展成果,实现政治经济收益最大化。

(3) 地方政府竞争与地方政府投资规模之间在各种回归分析的结果中都是正相关关系,且在 1%、5%、10%的水平上显著,两者间的关系无论是被解释变量、财政分权变量发生何种变化,还是地方政府竞争度量指标进行调整,均未受到影响,保持了高度的稳定性和一致性。可能原因在于,资本要素是地方政府实现辖区经济快速增长的主要因素,地方政府为吸引流动性较强的资本要素到本辖区投资会致力于优化基础设施供给水平,改善辖区投资环境,而且到本辖区投资的国企、民营、外资等企业也会进行投资,所以地方政府竞争对辖区的投资规模有推动作用。

（4）财政分权与地方政府投资技术效率之间的关系不显著，究其原因，财政分权对地方政府投资技术效率既有提升效应，也有抑制效应。提升效应表现在：地方政府在获取辖区居民偏好方面具有信息优势；最低行政水平的政府部门进行公共产品的决策更容易实现配置的有效性和分配的公平性；财政分权会强化地区间的竞争，促使地方政府降低成本，提高效率；地方政府可以绕过许多政策性障碍，不同地方政府还可以同时进行不同的政策试验，在制度创新方面更具有优势。但另一方面，财政分权也有可能在一定程度上对地方政府的投资技术效率带来抑制作用。第一，分散化的投资难以充分发挥规模效应；第二，由地方分散提供会导致那些跨辖区的具有外部性的公共物品供给不足；第三，制度创新也是一种公共物品。某个地方政府进行制度创新，相邻地区的政府就会模仿，当政府预期到这一点时，也会弱化制度创新的动力。两种效应进行角逐，如果提升效应大于抑制效应，则财政分权与地方政府投资技术效率正相关；如果提升效应小于抑制效应，则财政分权与地方政府投资技术效率负相关。经过回归分析，发现财政分权与地方政府投资技术效率的关系不显著，说明两种效应势均力敌。此外，财政分权对地方政府投资技术效率是建立在一系列假定条件之上的，如人口自由流动、存在兼容地方政府官员和辖区居民利益的激励机制、合理的财权事权划分等，但实际上，中国的财政分权体制不能完全满足以上条件，所以财政分权对地方政府投资技术效率的提升效应可能会大打折扣。

财政分权下的
地方政府投资绩效
问题研究

Chapter 7

第7章 地方政府投资绩效管理中相关主体的博弈分析

第7章 地方政府投资绩效管理中相关主体的博弈分析

博弈，是理性参与人在一定的环境和规则下各自进行策略选择并取得相应结果的过程。博弈论主要是研究参与人的行为决策以及决策取得的均衡问题，由三个基本要素组成：决策主体、策略和支付。决策主体，也称为参与人或局中人，目的是使自己的效用最大化，前提是其效用函数必须是确定的，同时有可供选择的行动。策略，博弈参与人的一个完备的相机决策规则，在给定信息集的情况下，策略告诉参与人如何对其他参与人的行动做出反应。支付，博弈参与人的效用水平，可以是正值，也可以是负值。博弈模型的建立通常应该包括以下几个方面的内容：第一，博弈的决策主体，博弈过程中追求自身效用最大化的个人或组织；第二，博弈信息，是参与人拥有的有关博弈的知识，尤其是参与人要了解其他参与人的特征以及行动的知识；第三，策略集，即博弈参与人可选择的策略的集合；第四，博弈的次序，博弈参与人策略选择的先后次序；第五，博弈的收益，博弈参与人做出策略决策选择后的所得与所失。（张维迎，2004）

博弈论可以用来分析地方政府的投资绩效问题。地方政府投资绩效管理中相关利益主体的目标和效用函数并不是一致的，如中央政府和地方政府对投资的绩效目标要求可能不同，中央政府以社会福利最大化为目标，地方政府则可能以政绩最优为目标。地方政府投资的参与方在追求各自的目标时便会采取相应的策略选择，从而形成相互之间的博弈关系，最后博弈的结果如能达成协议，就是合作博弈，强调的是团体理性；如不能达成协议，就是非合作博弈，强调的是个体理性。本章将从中央政府与地方政府之间、地方政府之间以及其他相关利益主体（如社会公众、立法机构、私人部门等）之间的投资关系展开博弈分析。

7.1 中央政府和地方政府投资的博弈分析

7.1.1 基本假设

(1) 中央政府。

第一,中央政府具有经济和社会福利的双重目标。从政府的职能来看,政府主要有资源配置、收入分配以及经济稳定三大职能。如果从政府间的职责分工来看,资源配置职能应当以地方政府为主,中央政府为辅;收入分配职能主要应由中央政府承担;经济稳定的职能也应由中央政府承担,中央政府通过采用统一的货币政策、反周期的财政政策,最大限度地降低"贸易漏损"和促进资源有效配置,实现社会总供求的平衡(朱柏铭,2013)。因此,从理论上看,这也就内化出中央政府既要稳定经济、促进经济增长同时也要调节收入分配差距,促进社会福利最大化,兼顾效率和公平。

在我国,中央政府有追求经济增长的目标,因为只有经济增长了,中央政府才有足够的财力去维持社会稳定,提高国民福利水平,但中央追求的经济增长考虑的是全国且是长期的持续健康增长,而地方政府因受政治晋升和任期时限的约束,往往具有追求短期利益的投资冲动。但这并不能否认中央政府就没有投资的冲动,中央政府也会希望通过政府投资拉动经济增长,这一点从我国投资率也可以看出,自 2005 年之后,我国投资率一直在 40% 以上,是世界上投资率最高的国家(孙秋鹏,2011)。除此之外,社会福利水平的高低也是中央政府必须要考虑的。地方政府因为官员的任命权牢牢掌握在上级政府手中,而我国长期以来上级政府考核下级官员的主要指标便是 GDP,这也就造成了地方政府追求经济建设支出而忽略社会福利支出,而中央政府除承担起全国性的社会福利支出外,还要通过转移支付加大地方政府对教育、医疗等民生建设的投入力度，提高社会福利水平，促进社会和谐稳定。

第二，中央政府的"委托人"身份。与企业的委托代理关系的产生原因一致，由于所有权与控制权的分离、信息不对称等问题，使公共部门的委托代理关系的存在也成为必然。我国幅员辽阔，多方面因素如地理位置、资源禀赋、经济基础、国家政策等会导致各个地方信息千差万别，显然，地方政府比中央政府更了解地方居民对公共物品的偏好，可以因地制宜地满足居民的公共需求，提高公共物品的供给效率。因此，中央政府是信息劣势的一方，需要委托地方政府代为行使职能去实现其政策目标，即经济和社会福利的双重目标。而中央政府维持这份契约关系的主要手段便是中央政府的转移支付。因为信息不对称，中央政府和地方政府之间存在一种"自上而下"的委托代理关系。此外，除了政治晋升激励外，中央政府还会通过一些优惠政策对地方政府进行经济激励，促使地方政府实现中央的政策目标。虽然两者追求的目标不同，中央政府追求的是整个国民经济的增长和社会福利最大化，地方政府追求的本辖区经济利益的最大化，但正如前所述，两者具有利益的一致性，可通过激励机制的建立去实现双方各自利益的最大化（江孝感和王伟，2004）。

（2）地方政府。

第一，地方政府的"理性经济人"假设。在经济市场环境中，微观经济理论假定经济主体是追求自身利益最大化的行为主体，是理性的，如消费者追求的是效用最大化，生产者（厂商）追求的是企业利润最大化。而在政治市场环境中，公共选择学派开始用经济学的方法研究政治问题，公共选择理论认为人人都是"经济人"，政治市场上的官员并不像传统政治学理论所假设的那样，只追求公共利益，参与政治决策的个人与市场中决策的个人一样，也是理性的。所以地方政府官员也是追求本辖区居民或自身利益最大化的"理性经济人"。然而，地方政府追求本辖区居民利益最大化和追求自身利益最大化既存在一致性也存在冲突性。一致性主要在于当地方政府所追求的政绩工程（或政府投资）正好也符合本辖区居民的利益所在；冲突性体现在地方政府所追求的政绩工程（或政府投资）有可能不符合本辖区的居民利益（如"假冒伪劣"工程、环境污染问题等）（张雷宝，2005），甚至还会出现损害全国人民利益的行为（如地方保护主义）。其背后实质是政府官员公权与私权、公利与私利的一种权衡和博弈，如果说政府官员是以公权谋公利，这是理所当然的；以私权谋公利，这是利他主义；以私权谋私利，这是利己主义；以公权谋私利，这是损人利己。如果从"经济人"的假设看政府官员，就能很好理解政府也会存在"失灵"的时候，为什么寻租腐败现象屡禁不止。为了避免或减少地方政府官员在追求自身利益的过程中出现损害本辖区或全国居民利益的情况，即以公权谋私利，应有相应的制度约束机制。

此外，基于政治市场决策环境的复杂性（涉及多方利益主体和多项决策方案以及预算约束等）、政治决策信息的不完全性（不同利益方之间，以及利益方对不同决策方案等都会存在信息不对称）以及官员决策能力的局限性（政府官员会受到自身素质、学历以及经验等约束），地方政府官员往往又是有限理性的。而且，不同辖区政府官员的有限理性程度也是不一样的，除客观原因外，这也是为什么不同地区地方政府的投资行为以及投资效率会存在显著的差异性，可作为一种理论上的阐释。

第二，地方政府官员的双重属性。在我国，考察地方政府的行为必须置于经济分权和政治集权下分析。一方面地方政府是"代理人"，地方政府受中央政府委托管理该辖区经济事务。但是中央政府在授予地方政府职能权限的同时，却在政治上牢牢掌握着地方政府官员的人事任免权。这也就意味着中央可以利用政治晋升激励地方政府实现其政策目标。对中央政府而言，其追求的是整个国民经济的持续发展以及整个社会福利水平的最大化，所以地方政府也有追求全局利

第7章 地方政府投资绩效管理中相关主体的博弈分析

益的内在要求，因为如果地方政府不这样做，违背中央政府的政策目标，就可能会失去政治晋升的机会，显然这是同时又具有"政治人"属性的官员所不愿发生的。政治上集权在一定程度上内化了中央政府和地方政府利益的一致性。另一方面，我国地方政府同时又是本辖区居民利益的代表者，也必须考虑辖区居民的支持，所以地方政府的行为决策也要以地方利益为重，实现本辖区居民利益最大化。在蒂伯特模型中，在提出一系列的假设基础上，蒂伯特认为，如果当地居民对当地政府提供的公共产品和税收不满，那么他可以选择离开该地区，即"用脚投票"到他所喜欢的地方去（朱柏铭，2013）。也就是说，理论上看，如果居民可以在辖区内自由流动，那么一个地方的政府官员无作为只会导致人们选择居住到其他地方。落实到中国的实践，蒂伯特模型具有一定的适用性，如果说地方政府按照中央政府的意志行事让中央政府满意，这就类似于西方社会中选民的选票，对官员的政治升迁具有决定性的作用，那么当地居民尤其是微观企业对当地政府的满意也具有十分重要的意义。因为当地企业的投资发展能够拉动当地的经济增长，可以为地方政府带来税收收入和当地居民的就业，而这些都是中央政府考核地方官员的重要显性指标，所以地方政府与辖区居民利益也具有内在的一致性。

具体化到地方政府投资行为中，地方政府既要观察中央政府的反应，也要满足辖区居民的需求，因此，地方政府行为主体的"双重属性"也会导致地方政府行为动机的"双重属性"，地方政府投资效率可以说是中央政府反应变量乘以地方居民需求变量的函数（张雷宝，2005）。如此，地方政府利益既要与中央利益保持一致，又要与辖区居民利益具有一致性，当然中央政府利益与地区居民利益具有一致性，但又因为中央利益代表的是整体利益而不同的地区居民利益又具有差异性，这就会形成地方政府的"双重性"可能会存在冲突的一面。所以地方政府角色的"双重性"决定了投资动机的双重性。如果地方政府的"双重性"角色是必然存在的，那么上述的"冲突"

的存在也是必然的,当然这一冲突并不是不可调和的矛盾,是可以通过制度的创新以及体制的改革使其限定在一个合理的范围内,从而避免或减弱地方政府投资行为的扭曲。

7.1.2 中央政府与地方政府之间的投资博弈模型

(1) 博弈假设。

上述基本假设中已经对中央政府和地方政府的行为进行了详细分析,中央政府和地方政府都是"理性经济人",但两者的目标函数不同。中央政府是委托人,中央委托地方政府代为行使职能去实现其政策目标,一方面中央政府通过政绩考核掌握着地方政府官员的政治晋升权;另一方面,中央政府拨付给地方专项补助资金,并由此形成稳定的契约关系。地方政府是代理人,受中央政府委托,管理本辖区经济事务,行使政府职能,促进本辖区经济发展,并从经济增长中获得财政收入和政治晋升收益。地方政府行为具有双重性:一是因受政治晋升影响,地方政府不得不考虑中央政府的政策目标;二是作为本辖区居民利益的代表者,行为决策也要服从本辖区利益,满足本辖区居民的需求。当然,双重角色既有利益的一致性也有冲突性。

(2) 博弈规则。

参考王丽丽和江孝感 (2005) 的中央和地方政府基础设施的投资博弈模型,本章设计的博弈模型中假定有中央政府和地方政府两个参与人。关于政府如何投资,投资资金如何分配由双方讨价协商而来。最开始先由中央政府制订一个投资分配方案,地方政府选择接受与否。如果拒绝,地方政府需要重新制订投资分配方案,中央政府选择接受与否。如果接受,双方协议达成,博弈结束;如果拒绝,中央政府要继续制订新的投资方案,地方政府选择是否接受。如此循环,只要其中任何一方接受对方的投资分配方案,博弈就结束。在该博弈规则下,本章假定:

第7章 地方政府投资绩效管理中相关主体的博弈分析

第一，从信息结构看，地方政府拥有的信息完全，清楚知道中央政府的投资分配方案，并在此基础上选择自己的行为策略，因而，本章是完全信息动态博弈模型。

第二，从双方目标看，中央政府的目标是在不超出预算支出的前提下，尽可能地使支出成本最小；而地方政府的目标也十分明确，追求自身利益最大化，即也尽可能地使自己的支出成本最小。

第三，从博弈阶段看，本章假设双方的博弈过程只进行三个阶段，因为中央政府面对的投资项目很多，在一个项目上与地方政府讨价还价的时间是有限的，所以博弈不可能无限循环下去。

第四，从谈判成本看，中央政府和地方政府谈判每多进行一个阶段，考虑到利益博弈和谈判费用，双方谈判的成本就会增加，假定每一次谈判，成本增加的比例为 a，$a > 0$。

(3) 博弈过程。

第一阶段，中央政府先制订一个投资分配方案，在此方案中，投资的总额为 T[①]，中央支付 $X1$，地方支付 $(T - X1)$，地方政府对此方案选择接受与否。如果接受，按照此方案，双方各自投资额确定，如不接受，谈判进入下一个阶段。

第二阶段，地方政府重新制订投资分配方案，在该方案中，中央支付 $X2$，地方支付 $(T - X2)$，此时，中央政府来选择接受与否，如接受，按照地方政府制订的投资方案确定各自的投资额，如不接受，谈判继续。

第三阶段，中央政府要重新制订投资分配方案，在新方案中，中央支付 $X3$，地方政府支付 $(T - X3)$，因为我们假定博弈只进行三个阶段，到此，博弈结束，地方政府必须接受该方案，双方按照方案中的投资分配额支付。

上述的博弈过程也可以用博弈的扩展形式来表述，详见图 7-1。

---

① 假定每个博弈阶段投资总额 T 是既定的，不同的是双方各自的投资分配额。

财政分权下的地方政府投资绩效问题研究

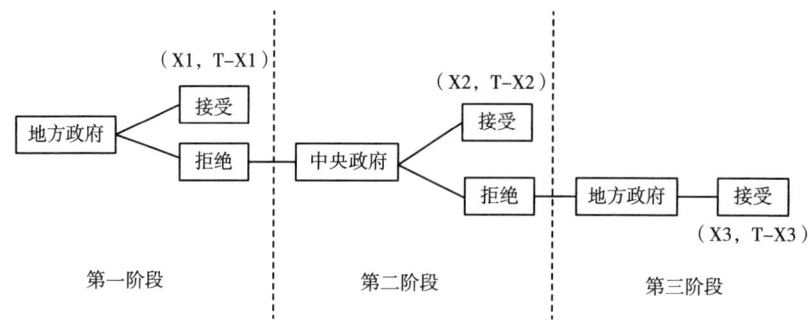

图 7-1 中央政府与地方政府投资的三阶段博弈过程

（4）模型求解。

本章采用逆推法解上述博弈模型。

第三阶段，中央政府支付 X3，地方政府必须接受，考虑到谈判成本的增加问题，中央政府和地方政府的实际支付分别为 $X3(1+a)^2$ 和 $(T-X3)(1+a)^2$。

第二阶段，地方政府清楚得知，如果博弈进入第三阶段后，中央政府的支付份额必然是 X3，则地方政府的实际支出必须是 $(T-X3)(1+a)^2$，中央政府的实际支出为 $X3(1+a)^2$。地方政府因为是追求投资成本的最小化，会尽可能地减少自己的投资额，提高中央的投资额。因此，在该阶段，地方政府能让中央政府接受的最高投资额须满足条件：$X3(1+a)^2 = X2(1+a)$，解出 $X2 = X3(1+a)$。

第一阶段，中央政府清楚自己在第三阶段的实际支出是 $X3(1+a)^2$，第二阶段的实际支出也是 $X3(1+a)^2$，而在该阶段地方政府接受的最小投资支出是 $T(1+a) - X3(1+a)^2$。如果中央政府能在第一个博弈阶段就允许地方政府的投资支出为 $T(1+a) - X3(1+a)^2$，自己的投资额又能更少，该种分配方案对中央政府而言无疑是合适的。所以只要 $T - X1 = T(1+a) - X3(1+a)^2$，解出 $X1 = X3(1+a)^2 - Ta$。第一阶段中央政府和地方政府的投资支出分别为 $X3(1+a)^2 - Ta$ 和 $T(1+a) - X3(1+a)^2$，为本博弈模型的均衡解。

第 7 章　地方政府投资绩效管理中相关主体的博弈分析

（5）博弈模型分析。

第一，对 a 值，即谈判成本增加比例的分析。因为 T 值，即投资总额固定，当 $a \geq \dfrac{T - 2X3}{2X3}$ 时，中央政府的投资支出是递增的，即随着谈判成本的增加在不断增加；反之，对于地方政府而言，投资支出却是在不断递减的。当 $0 < a < \dfrac{T - 2X3}{2X3}$ 时，中央政府的投资支出是递减的；反之，地方政府的投资支出却是不断递增的。

第二，对于 X3 值的分析，即中央政府投资支出额的分析。

当 $X3 \geq \dfrac{T}{2(a + 1)}$ 时，同时当成本增加比例逐渐减小趋近于零时，中央政府的投资支出是递增的，而地方政府的投资支出是递减的。也就是说，随着成本增加比例的减少，对中央的弊大于利，反而对地方越来越有利。这也说明，与地方政府相比，中央政府更希望速战速决，减少谈判拖延时间。而地方政府反而可以利用此机会，向中央政府多争取一些利益，但地方政府能争取的利益也是十分有限。因为一方面中央政府面临的可投资地区很多，如果于中央政府局面很不利，其完全可以转投其他地区；另一方面，中央政府还掌握着地方政府官员的政治晋升权，这也是地方政府与中央政府谈判的约束条件之一。

当 $X3 < \dfrac{T}{2(a + 1)}$ 时，同时当成本增加比例逐渐减小趋近于零时，中央政府的投资支出是递减的，而地方政府的投资支出是递增的。也就是说，随着成本增加比例的减少，主动权在中央政府手中，对地方政府的弊大于利，对中央政府越来越有利。此时地方政府可能会采取行动与中央政府妥协，尽可能地减少自己的投资支出成本。

从上述博弈模型来看，整体来看，因为中央政府受信息不对称的影响，委托地方政府代为行使职能，是委托人，所以在政府投资中，中央政府显然更希望在与地方政府的投资分配谈判中能够减少拖延时间，尽快做出决定。地方政府反而在与中央政府不断谈判过程中有更多的机会和主动权。因为追求的是本辖区利益的最大化，地方政府的投资动机很强，而中央政府追求的是整个国民经济利益的最大化，自然会在政策上对地方的经济行为进行约束。所以双方会产生利益的冲突，这也是双方博弈的基础。具体到政府投资上，中央政府和地方政府的博弈主要集中在投资支出成本最小化的追求上，在投资份额的分配上尽可能追求最小的投资支出。此外，地方政府还会千方百计地从中央政府争取到尽可能多的政策优惠以促进本辖区经济发展。在政策的制定和执行过程中，双方也存在博弈。尤其是当中央实行对地方经济行为限制性政策时，地方政府可以采取变通措施，也可以与中央"讨价还价"，尽量减少执行中央限制措施而带来的自身利益的损失。

除政策优惠的博弈外，争取更多的财政建设资金也是博弈的焦点。自1978年改革开放以来，我国财政体制历经了几次重要变迁。其中意义重大的是财政包干制向分税制的转变。财政包干体制的主要特征是以放促活，打破过去统收统支的计划体制。因此，包干制不仅大大激活了微观主体的经济活力，还极大调动了地方政府发展经济的积极性。然而正因为如此，地方财力越来越充足，出现了"诸侯经济"，中央财政收入陷入低迷状态，出现两个比重不断下降的局面，第一个比重是全国财政收入占国内生产总值的比重，第二个比重是中央财政收入占全国财政收入的比重。在此背景下，1994年我国启动了分税制财政体制改革，可以说，分税制打破了包干制的种种弊端，在当时具有重大的里程碑意义，然而分税制运行至今，与经济社会发展不适应的一面越来越呈现出来，分税制的弊端也开始不断凸显，最突出地体现在政府间财政关系上，当时分税制侧重于政府间财政关系的收入端的划分，在事权端的划分上省级以下政府间的划分并没有明确，基本是模仿中央和省级政府之间的事权划分，结果造成事权的层层下移，财力的层层上移，地方政府财力和事权不对称。所以地方政府自然要努力争取尽可能多的中央财政资源。落实到现实情况中，为争取中央财政资源，地方政府一方面要积极发展当地经济，打造出自

第7章 地方政府投资绩效管理中相关主体的博弈分析

己的特色经济，吸引中央政府的投资；另一方面利用各种关系，争取中央政府的投资项目，也就是我们通常所说的跑"部""钱"进，甚至还可能会出现地方政府为了说服中央政府进行投资，会在申请时先缩小项目投资预算，并承诺对大份额的配套投资自行筹措，但结果往往是立项之后，地方资金无法及时到位，中央只得被迫为其追加投资。

当然，作为"理性经济人"，地方政府投资的积极性更多的是在受益范围仅限于本辖区的项目，对于一些跨区域或外溢性较大的项目，投资的积极性较小。这时，中央政府就需要调动地方政府投资的积极性，对地方政府进行投资补助，地方政府可以据此与中央政府"讨价还价"，尽可能多地争取中央补助，减少自己投资额，中央处于被动地位。而且，我们博弈模型结论表明，谈判时间拖延越长，于中央政府弊大于利，而对地方政府越来越有利，这是否就意味着中央政府要被动接受地方政府的要求呢？当然不是，因为，中央政府作为委托人完全可以凭借其行政权力单方修改或终止合同，但这样结果可能是双方都有着不同程度的损失。此外，因为中央政府掌握着地方政府官员的人事任免权，可以决定地方政府官员升迁与否，这也是中央政府与地方政府博弈的重要基础，中央政府的优势所在，但中央政府没有信息优势，对官员的考察也需要信息成本，而且从政治稳定度考虑，中央政府利用人事任免权对地方政府投资施加压力也会有相应的成本损失和政治影响。正因为中央政府和地方政府在博弈过程中各有优势和劣势，在确定中央与地方投资分配额时，既要完成中央宏观调控的目标，又要调动地方政府的积极性，提高地方政府的工作效率，节省投资额，才会出现不断"讨价还价"的重复性博弈过程。

当然博弈过程不可能无限循环下去，重要的是从制度完善和机制创新去缓解中央政府和地方政府利益的冲突性，增加双方利益的内在一致性。首先，要对中央政府和地方政府事权范围和支出责任明确，并以法律的形式固定下来，正是因为目前我国中央政府和地方政府在一些事权的划分不够清晰，才使双方的博弈空间不断放大，博弈成本不断增加。其次，建立起中央政府对地方政府的激励约束机制，调动地方政府的积极性，对于受益本地区的项目，地方政府的积极性很高，但对于一些跨区域的投资项目积极性不大，此时中央政府不能仅从行政强制力或人事任免权对地方政府强行施压，而应该通过设计相应的激励机制调动地方的投资积极性。上述博弈模型中我们利用逆推法求出均衡解，如果中央政府能在第一个博弈阶段设定一个地方政府能够接受的投资支出，自己又能投资的更少，无疑是一个最合理的分配方案。最后，建立起完善的监督机制，因为中央政府处于信息劣势地位，地方政府有可能从自身利益出发而出现损害中央政府利益的情况，因此，从政府投资项目更好地完成，中央政府利益得以更好地保障的角度，中央政府应加大对地方政府投资行为的监督和约束，并形成规范的制度安排。

7.2 地方政府之间的投资博弈分析

前述已提及，我国分税制运行至今，呈现的弊端也越来越多，最突出的体现在政府间财政关系上，地方政府财力与事权不匹配。因为资源的稀缺性，为了满足地方的支出需求，地方政府除了要尽可能多地争取中央政府的财政资源外，地方政府之间也会展开激烈的资源竞争，不仅包括资本、技术和人才的竞争，也包括稀缺晋升机会的竞争。从20世纪80年代开始，我国地方政府官员之间开始围绕GDP增长而进行"晋升锦标赛"。在"晋升锦标赛"下，官员为获得晋升机会而努力发展地方经济（周黎安，2004，2007）。而且，我国官员治理实行的是末位淘汰制和交流任期制，考核越靠前的官员晋升的概率就越大，而考核相对靠后的官员被降职的概率也越大，而且在某一职位上官员任期有限，因此，官员会在其任期内为晋升而努力。正是因为任期的有限性以及晋升的竞争性，官员发展当地经济往往也具有目的性和短视性（张军和高远，2007；曹春方等，2014）。所以不同竞争地区的政府官员为了争取稀缺的竞争名额不顾长远利益竞相投资，造成一些行业的过度投资。可见，在"晋升锦标赛"下，地方政府官员之间相互合作的空间非常小，相互竞争的空间非常大（周黎安，2004）。如果不同地区地方政府只想着自己政绩提高，提升自己的政治晋升概率，相互之间进行恶性竞争，可能会出现地方保护主义、基础设施重复建设、产业结构同质化严重等现象。显然，从短期看，地方政府可以从中受益，从长远来看，不仅会影响到本地区经济的持续发展，也不利于生产要素的流动和资源的有效配置，影响全国统一市场的建立。如果地方政府之间能够加强分工与合作，才能提高资源配置效率，促进全国经济可持续发展。下面将借助博弈模型分析地方政府之间的合作和竞争关系。

7.2.1 经济激励下地方政府之间的投资博弈模型

假设有甲和乙两个地方政府，且甲和乙两个地方政府都是"理性经济人"，即追求本辖区经济利益最大化，具有相同的初始条件。现为了促进当地经济更好发展，两地都想建设飞机场，但由于飞机场的辐射带动作用和外溢性较强，两个地区只需要一个飞机场即可。先假定如下：

假定飞机场的建设成本为4，总收益为6，建设好之后双方从中各自得到的收益分别为3，这是因为机场具有受益的外溢性，一个地区的地方政府建设机场所带来的收益是小于整个社会收益的。

如果甲和乙两个地方政府都建设机场，建设成本与各得的收益3抵消，双方得到的纯收益各为-1。

如果其中一个地方政府建设机场，另一个地方政府则可以坐享其成，建设机场的地方政府要支付建设成本4，获得收益为3则净收益

为 -1，另一个地方政府的收益则为 3。

如果两个地方政府都选择不建设机场，结果双方的收益都为零。

对于甲和乙两个地方政府而言，一共有四种战略选择，即（建设，建设）（建设，不建设）（不建设，建设）（不建设，不建设）。具体的博弈行为和收益详见图 7-2。

	地方政府甲 建设	地方政府甲 不建设
地方政府乙 建设	-1, -1	-1, 3
地方政府乙 不建设	3, -1	0, 0

图 7-2 地方政府之间投资博弈模型

从图 7-2 中我们可以观察到，对于地方政府甲来说，如果地方政府乙选择建设机场，则自己的最优战略是不建设，因为不建设给自己带来的收益 3 显然是要大于建设的收益 -1，如果地方政府乙选择不建设机场，则自己的最优战略也是不建设，因为不建设的收益 0 要大于建设的收益 -1，所以无论地方政府乙选择建设机场与否，地方政府甲的最优战略都是不建设。同样，对于地方政府乙而言，无论地方政府甲选择建设还是不建设机场，自己的最优战略也是不建设。所以（不建设，不建设）是一个纳什均衡，而且也是一个占优策略均衡，出现了基础设施供给尤其是外溢性较强或跨区域基础设施供给的"囚徒困境"问题。地方政府各自强调的是个人理性，结果导致了集体非理性。如果自己投资建设飞机场而另一方不出钱，自己得不偿失；如果另一方出资自己不出钱，自己就可以"搭便车"，从中获取收益。但是因为每一方都是"理性人"，所以每一方的最优策略选择都是不建设，当然这种纳什均衡使双方辖区的福利水平都无法得到提高。

7.2.2 加入政治激励后地方政府之间的投资博弈模型

上述博弈模型分析结果表明，强调个体理性的地方政府之间很可能不会选择相互合作，而出现跨区域基础设施项目投资的"真空地带"。然而，地方政府还有政治收益需要考虑。现实中的地方政府之间往往是存在投资的相互竞争，因为如果选择不建设，除了可能带来的经济损失之外，还有上级政府对其政绩考核的损失，出于政治晋升的需要，地方政府会把选择建设当作获得的收益来看。这样，因为现实中政治晋升的激励，支付收益便会发生变化，最后博弈均衡结果也会发生改变。现在新的支付收益为：

假定飞机场的建设成本不变，仍然为4，因为加入政治收益，所以建设好之后双方从中得到的收益提高了，分别为6。

如果甲和乙两个地方政府都建设机场，建设成本与各得的收益6抵消，双方得到的纯收益各为2。

如果其中一个地方政府建设机场，建设机场的地方政府要支付全部的成本4，获得收益为6，则净收益为2，另外，地方政府如果不建设会获得相应的损失如政绩和晋升损失，不建设获得损失为-8，与从其他地方政府建设机场从中获得的收益6相抵，纯收益为-2。

如果两个地方政府都选择不建设机场，结果双方的收益都为零。

对于甲和乙两个地方政府而言，同样有四种战略选择，即（建设，建设）（建设，不建设）（不建设，建设）（不建设，不建设）。具体的博弈行为和收益详见图7-3。

从图7-3中我们可以观察到，对于地方政府甲来说，如果地方政府乙选择建设机场，则自己的最优战略是建设，因为建设给自己带来的收益是2，而不建设自己的收益是-2，如果地方政府乙选择不建设机场，则自己的最优战略也是建设，因为建设的收益是2，而不建设的收益为0，所以无论地方政府乙选择建设机场与否，地方政府

	地方政府甲	
	建设	不建设
地方政府乙 建设	2, 2	2, -2
地方政府乙 不建设	-2, 2	0, 0

图 7-3 支付收益改变后地方政府之间投资博弈模型

甲的最优战略都是建设。同样，对于地方政府乙而言，无论地方政府甲选择建设还是不建设机场，自己的最优战略也是建设。所以（建设，建设）便是加入政治收益，从而支付收益变化后地方政府之间的纳什均衡。加入政治收益后地方政府之间的博弈结果更符合我国地方政府的投资现状，即在政治晋升激励下，地方政府会选择积极投资项目，导致公共项目的重复投资，然而对于一些跨区域的基础设施项目，如果地方政府之间选择合作，双方的收益都会提高，因为分摊的成本低了，但是地方政府为了追求政绩往往造成盲目投资，不利于资源的合理配置。

事实上，我国地方政府一直都存在着较为强烈的投资冲动，如地方政府投资的项目多、规模大，投资增长速度快等，甚至是在经济过热的情况下地方政府的投资热情依然高涨，使经济热上加热，中央政府也只能实行严厉的调控措施才能遏制地方政府的投资热情。为什么地方政府有如此大的投资热情呢，不仅如此，我们还会观察到一个现象，就是地方政府似乎对基础设施类投资项目热情更高涨，而在教育医疗等项目上热情减弱，甚至部分地方政府还存在民生支出缺位情况，概而言之就是地方政府存在投资结构的偏向问题。关于这些问题的回答，就需要从两个层面加以分析。

第一个层面还要回到我国的财政分权体制上，分税制由于当时没有解决省级以下的事权分配问题，造成了地方政府财力和事权的严重

第7章 地方政府投资绩效管理中相关主体的博弈分析

错配,地方的很多基础设施建设,以及教育、医疗、社保、环保等民生支出都需要地方政府来承担,而且这些都是刚性支出,但是过多的事权支出并没有足够的财力作支撑。分税制伊始对中央和地方的固定收入进行了划分,像关税和消费税这些属于中央的固定收入,营业税、城镇土地使用税、车船使用税、契税、耕地占用税、土地增值税等都属于地方税收收入,在我国税收收入总额中比重最大的增值税则属于中央和地方的共享收入,我们可以看到,虽然归入地方政府税收收入的税种很多,但都是小而分散的税种,其中营业税是地方税系的主体税种,但2012年我国开始"营改增"改革,到2016年5月营业税全面改征增值税,于企业来说无疑是重大利好,但于地方政府而言是雪上加霜,面临更大的财政危机,这就使得地方政府不得不进行投资,拉动经济增长,GDP增加了,即使税率没有发生变化,但是税基增加了,地方政府的税收收入增加了,才有足够的财力进行财政支出。从财政分权体制可以分析为什么地方政府的投资热情如此高涨。

第二个层面就要落到我国长期以来以GDP为核心的政府官员考核体制上。前面我们已经分析,地方政府事权不仅有经济建设支出,还有民生福利支出,如果地方政府官员的政治晋升与否不是取决于上级政府而是取决于本地区居民,即由本地居民的选票决定,那么,地方政府官员便会将主要的资源用来提高本地区居民的福利水平,对民生建设项目有着高涨的投资热情。但是,如果地方政府官员的政治晋升主要取决于上级政府,地方政府官员便会把主要资源投入最容易被上级政府识别的指标上,显然以GDP为核心的经济发展指标,包括税收收入、就业率这些都是易于量化的指标,而教育、医疗、社会保障以及环境保护等社会福利指标很难量化,不易考核。所以这也就解释了地方政府的投资结构偏向问题。不仅如此,由于晋升名额有限,如果其他地方的经济增长速度高于本辖区的经济增长速度,当地政府官员在晋升竞争中就要处于劣势地位,而且我国实行的是末尾淘汰制的官员治理制度,政府官员还可能处在更加不利的位置。地方政府之间就会为了政治晋升而展开竞争,加上我国官员具有任期限制,官员在任期期间主要是将目光投放到短期内产生经济效益的项目,而不去考虑投资的长远影响,出现投资过度以及盲目投资的问题。而且,地方政府还会以各种各样的税收优惠进行招商引资,吸引企业到当地投资,如果是合法合规的税收优惠,本身减轻企业税负,有利于企业的发展,可以涵养税源,从长远来提高政府的税收收入,但税收优惠并不是越多越好,过多的税收优惠不利于微观企业的平等竞争,而且打破了全国统一的公平税收环境,不利于资源的合理流动,企业到一个地方进行投资可能不是因为其他有利制度环境的吸引而是因为税收优惠。此外,正如郭庆旺和贾俊雪(2006)的研究结论所示,地方政府为了招商引资,可能会违规利用税收和土地优惠政策,引致企业投资冲动。他们认为,作为宏观调控主体的中央政府如果再出现监察不力,无疑进一步助长了地方政府的违规行为,导致投资过热,进而对宏观经济稳定产生巨大冲击。

综上所述,我们可以得知,地方政府之间投资的相互竞争以及投资结构的偏向,归根结底还在于财政分权下的地方政府的事权和财力不匹配和以 GDP 为核心的官员政绩考核体制下导致的地方政府的投资冲动。如何有效遏制地方政府的投资热情,引导回归理性投资,除了财政体制的完善,包括明确各级政府的事权以及补充地方政府财力外,更重要的还在于政绩考核指标的完善。如果以 GDP 为核心的政绩考核思路没有转变,那么政府为了政治晋升的投资热情就不会减弱,因此,需要对官员的政绩考核指标加以修正完善,提高民生福利指标的考核比重,引导地方政府合理投资。

7.3 地方政府投资中其他相关利益主体的投资博弈分析

上述在中央政府和地方政府的投资博弈分析中,我们假设中央政

第7章 地方政府投资绩效管理中相关主体的博弈分析

府是委托人，地方政府是代理人，事实上，公共支出过程中存在着多层的委托代理关系。在徐曙娜（2005）看来，还应区分部门内部和外部，部门内部的委托关系包括管理者与被管理者之间、上下级部分之间（如中央和地方政府之间）等，部门外部的委托代理关系包括公众与立法机构之间、立法机构与政府（主要是指财政部门）、财政部门与财政资金使用部门等。此外，需要指出的是，各主体的委托人或代理人的身份并不是固定的，在不同的委托代理关系中，身份也是在不断变化的，在上述众多委托代理关系中除了初始委托人社会公众、最终代理人被管理者等外，其他参与主体的身份不是唯一的，可以是代理人的委托人，也可以是委托人的代理人。

公共部门的多层委托代理关系会如何影响政府投资呢？在政府投资中，由于代理层次较多，初始委托人对最终代理人的监控能力较弱，而中间委托人同时也是代理人，如果缺乏有效的监督，他们不仅不努力行使监督权，甚至会与下级代理人合谋违背委托人的利益。这就造成各级代理人（有些同时也是委托人）都在追求自身利益最大化，几乎没人考虑初始委托人的利益，考虑政府投资的效果。如果缺乏有效的激励约束，公共投资低效率就成为必然。在我国，公共投资中代理层次多、监督机制不健全、投资的信息传递不灵，导致政府投资的效率损失。当政府投资决策时，各决策行为主体的目标是不一样的，政府职能部门和财政部门追求的是预算最大化和占有的资源最大化，导致这些部门在投资决策时不注重投资的质量和效率，而且在具体的执行过程中缺乏有效的监督和投资效果评价体系。对于社会公众和立法机构而言，他们虽然重视政府投资的质量和效果，但是因为委托代理问题，他们难以在政府决策中发挥有效作用，使我国政府投资出现效率损失（殷强，2008）。接下来，本章将具体分析社会公众与立法机构、立法机构与政府部门、财政部门与财政资金使用部门以及政府部门与私人部门（微观企业）之间的委托代理关系展开投资博弈分析。按照徐曙娜（2005）的定义，主要是部门外部的委托代理关系，而部门内部，如中央与地方政府之间的委托代理关系上述已经分析过。

7.3.1 社会公众与立法机构的博弈分析

在该层委托代理关系中，社会公众是初始委托人，立法机构是代理人。社会公众将公共权力委托给立法机构，希望立法机构能够实现其公共利益最大化的目标。然而，由于信息不对称，委托人和代理人的利益未必能够保持一致性。代理人可能存在机会主义行为，即利用自己充分的私人信息做出违背委托人利益的行为，可能会受到利益集团的影响，做出有利于利益集团而非社会公众的公共投资决策（徐曙娜，2005）。塔洛克在分析政治市场中立法机构的行为时，把立法者看成是政治市场中提供财富转移的"经济人"，认为立法者常常在利益集团的游说下设法通过某项有利于利益集团的政府投资决策以获取利益集团的支持，为了获取更多的支持，立法集团也会权衡众多利益集团的要求，使各个利益集团都各有所得。立法者们按照边际成本等于边际收益的原则，根据预期的财富收益和选票得失实现政治市场的均衡（许彬，2003）。所以代理人很有可能为了自身利益，既可能出现隐匿自己信息的逆向选择行为，也可能出现与利益集团共谋的道德风险行为。公众享有知情权、选择权、参与权和监督权等政治权利，但是作为初始委托人的居民也存在机会主义行为，在行使政治权利的过程中保持着"理性的无知"，即当获取信息的收益小于获取信息的成本而选择放弃的行为，而这种"理性的无知"会助长代理人的道德风险问题。

在我国，人民代表大会是权力机关，代表公众行使立法权和监督权，在政府投资方面主要表现为预算审批权和监督权。但是在审议政府预算时，人大的审议权长期没有得到充分运用，这是因为我国预算编制的年度周期与人大审议预算的时间不协调，使人大对预算的审议形同虚设，我国预算年度是历年制（1月1日至12月31日），一般在当年7月和8月开始编制预算，中央各部门于当年12月10日之前报财政部审批，省级财政部门于下年1月10日前汇总本级预算报财政部审批。但我国全国人民代表大会是在每年的3月5日左右召开，政府的预算草案于全国人民代表大会召开前一个月提交全国人大财经委员会进行初审，然后在全国人民代表大会上进行正式审议。可见，政府预算还没有经过人民代表大会的审议，但新的预算年度已经开始了。这样就会造成每个预算年度都有几个月没有人民代表大会的监督，为财政部门隐藏信息提供了便利，使人大对政府预算的监督权更多的是流于形式（殷强，2008）。而且人大审议政府预算的时间又很短，各级人民代表大会是每年只召开一次，全国人代会15天左右，省级人代会7天左右，县级人代会3~4天，乡镇人代会只有3天左右，实际上在有限的时间里用来审议预算的时间更短，全国人代会只有几天时间，到了乡镇级人代会的时间更短，所以如此仓促审议，很难做到全面了解政府预算，难以有效监督（殷强，2008）。因此，我们看到虽然人大有审议权和监督权，但由于制度的约束，权利并没有得以充分利用。权力机关并没有代表好初始委托人公众的利益，而且在行使代理权时，还可能出现逆向选择和道德风险问题。政府投资支出合理与否在一开始的政府预算审议环节就没有得以有效约束，直接影响了后续投资支出的执行效率。针对该问题，需要通过改革，强化社会公众的监督权，加强公共权力行使的监督和约束制度建设，同时进行预算编制改革，以绩效预算激励和约束政府部门，提高政府投资效率（殷强，2008）。

7.3.2 立法机构和政府部门之间的博弈分析

在该层委托代理关系中，立法机构是委托人，政府部门是代理人。政府部门的目标是追求预算最大化（可能是预算总额，也可能是预算增量等)。事实上,在尼斯坎南的官僚垄断模型中,政府官员的效用是随着预算规模的增加而增加的,因而,政府官员提供的公共产品数量并不是效率产量,可能是最优产量的两倍(朱柏铭,2013)。立法机关的预算资源是有限的,减少对政府部门的预算可以增加立法机构可支配的资源,而由于双方的利益是对立的,该博弈是一个零和博弈。双方的博弈基础是各有自己的优势,政府部门的优势是具有信息优势,而立法机关的优势是制度优势(即立法机关审议政府预算,有削减政府预算的权利)。由于存在信息不对称,政府部门作为代理人具有信息优势,但这不代表政府部门就占有主动权。立法机构是制度的制定者,其完全可以通过制度的修改与完善,减低委托代理过程中的信息成本,使政府部门作为代理人的信息优势不一定能够有效发挥出来。虽然立法机构在双方博弈中可以占据主动地位,但与上述分析类似,政府部门还是很有可能利用信息优势产生机会主义行为,这时候如何约束政府部门行为是立法机构所需要考虑的。

在我国,政府部门的信息优势主要体现在政府政务信息的透明度上,长期以来我国政府的相关预算信息透明度较低,近年来虽然关于预算和决算内容的信息公开透明度在不断提高,但仍是远远不够的。因为,作为初始委托人的公众和作为下游委托人的立法机构想了解的是关于政府公共支出的全部信息,而不是部分,但即使公布的信息中很多信息并不是"通俗易懂"的,往往是隐藏在专业数据中,对于缺乏一定专业知识的公众和立法机构无法从有限的信息中获知或推导出他们所需要的全部信息(徐曙娜,2005)。此时,立法机构对政府部门的监督约束作用也会大打折扣,政府部门利用自身的信息优势而出现公共支出规模的膨胀,尤其是可能出现政府投资的盲目和重复,导致效率损失。因此,立法机构需要从制度建设上加强对政府部门的行政约束以及提高政府信息透明度。

7.3.3 财政部门与财政资金使用部门之间的博弈分析

在该层委托代理关系中,财政部门是委托人,负责对财政资金使用部门拨款,并对使用部门资金投资使用情况进行效果评价和监督。财政资金使用部门则是代理人,负责利用财政资金进行公共支出。由于信息不对称,代理人的机会主义行为很可能会提高政府投资的成本,导致投资的绩效低下。这是因为作为代理人的财政资金使用部门追求的是自身部门利益的最大化,会尽可能地用完财政部门拨付的资金,如果没有相应投资效果的评价制度和监督约束机制,财政资金使用部门不会过多考虑资金利用的效果如何,就会出现投资资金的浪费、利用率低下的情况。而作为委托人的财政部门由于信息成本问题只看到了最后财政资金使用部门的投资完成情况,而不了解资金投资的使用情况,更没有在资金使用前进行可行性评估。这些问题恰好也是我们财政部门在监督过程中一直出现的问题,即注重财政资金使用的事后监督,忽视财政资金使用的事前和事中监督。

目前,对于财政资金的使用,我国财政部门、人大和审计都可以监督,但是由于相互之间职责尚没有明确,容易出现多头检查、重复检查的局面。这不仅会使监督成本的提高,还使监督的效果大打折扣。所以解决因为信息不对称而带来的财政资金使用部门机会主义行为,并由此可能导致的政府投资效率较低问题,就要建立起人大、财政部门和审计署的监督协同机制,各自分工明确,避免职责交叉。具体来看,财政部门做好全过程、全口径的财政资金使用监督,将事后监督与事前、事中监督结合起来;人大作为立法机构,建立和修订与财政监督有关的法律法规,审查和批准预算、决算等,并授权于其他主体实施监督行为,做好财政监督的宏观基础工作;审计署则是依据《宪法》和《审计法》行使职权,以审计的专业性实现再监督,对财政资金的使用情况进行事后监督。

7.3.4 政府部门与私人部门（微观企业）的博弈分析

在该层委托代理关系中，政府部门是委托人，私人部门是代理人。对于政府投资项目，可以是政府部门生产，也可以委托私人部门生产，也就是说，公共提供不等于公共生产。政府部门将投资项目委托给私人部门建设，自己则负责对投资项目的实施效果进行监督和评价。私人部门受到政府部门的委托进行项目建设，会经过前期策划、可行性分析、项目设计、投融资、项目建设、项目运营等多个阶段。然而，在项目建设的过程中，由于信息不对称，也就是说，私人部门（代理人）掌握的信息要比政府部门（委托人）多，私人部门追求的是自身利益最大化，很容易出现向政府部门隐藏重要信息的机会主义行为，可能会损害政府部门和社会公众的利益。作为代理人的私人部门信息充分，拥有的管理、技术和人才等信息均属于私人信息，这些是委托人无法核实，也可能是代理人想要隐藏的，存在严重的信息不对称。不仅如此，因为一些投资项目尤其是基础设施投资项目本身就存在自然、社会、技术等的不确定性，所以项目建设的实际情况可能与承包合同之间会有差异，这种差异有可能是私人部门刻意隐瞒信息造成的，也可能是政府部门和私人部门都无法控制的客观因素造成的，委托人难以发现并予以制止，更无法事先通过合同加以规避。而且，我们还会观察到一种现象，在项目招标阶段，私人部门很可能通过降低利润获得具有竞争力的报价，甚至低于成本价。但是，一旦中标，在项目实施过程中，私人部门因为有信息优势，很多行为已经不受政府部门控制，这样，私人部门从自身利益最大化出发，会通过正当或非正当的手段降低实际成本，从而实现自己的预期保留收益。通过降低成本有可能带来工程质量的不达标，但如果政府部门派出监理机构代为监工，私人部门很可能与监理人员形成合谋，出现不达标工程项目也验收合格的情况，损害政府部门和社会公众的利益。所以要

第 7 章　地方政府投资绩效管理中相关主体的博弈分析

减少私人部门的机会主义行为，关键是要建立起政府部门的有效监管机制，从建设标准到工程质量都严格监管，私人部门如果出现严重违约时的接管办法和违约责任，还有对监理行为的约束等。

7.4　小　　结

基于中央政府和地方政府、地方政府之间、其他相关利益主体之间的投资博弈分析，本章主要结论如下：第一，中央政府与地方政府各自追求的目标函数是不同的，双方具有利益冲突性的一面，又由于双方在博弈过程中互有优劣势，使在确定各自投资分配额时出现不断"讨价还价"的重复博弈过程，结束循环博弈的关键在于利用制度设计增加双方内在利益的一致性，调动地方政府投资的积极性。第二，对于跨区域基础设施投资，只有经济激励时，强调个体理性的地方政府之间不会选择合作，导致供给不足，但是当加入政治激励后，地方政府之间又会相互竞争，出现重复投资，导致供给过度。第三，我国公共投资中存在多重委托代理关系，社会公众与立法机构、立法机构与政府部门、财政部门与财政资金使用部门、政府部门与私人部门（微观企业）之间，在每一层委托代理关系中，各决策行为主体的目标函数不一，由于存在信息不对称，容易出现代理人的机会主义行为，委托人的利益受损。又由于公共投资中代理层次多，监督机制不健全，投资信息传递不灵，导致政府投资的效率损失。

上述研究结论也蕴涵一定的政策启示：

第一，要明确中央政府和地方政府事权范围和支出责任，正是因为在事权和支出责任的划分上不够清晰，才使双方的博弈空间不断放大，博弈成本不断增加。同时，对于一些跨区域的投资项目，中央政府不能仅从行政强制力或人事任免权对地方政府施压，而应该通过设计激励合同调动地方投资的积极性。

第二，完善政府官员考核机制。如果以 GDP 为核心的官员政绩考核思路没有转变，地方政府官员为了政治晋升而投资的热情就不会减弱，所以需要对我国官员的政绩考核指标加以修正完善，提升民生指标的考核比重，引导地方政府理性投资。

第三，应建立起对财政投资资金使用的全过程监督机制，重视事前和事中监督，加强预算绩效监督，并协调好财政部门、人大以及审计署的监督关系。同时，监督主体在全过程监督中要执法必严，违法必究，加大处理处罚力度，提高财政资金使用主体的违规违法成本。

第四，加强财政投资资金监督的信息化建设，减低信息传递成本。无论是在部门外部的委托代理关系中，还是部门内部（中央政府与地方政府之间）的委托代理关系中绕不开的关键问题均是信息不对称。减少因信息传递不灵而发生的投资扭曲，提高财政资金使用的监督效率出路在于信息化建设，推进财政资金监督向"互联网+""大数据监督"方向发展。

财政分权下的
地方政府投资绩效
问题研究

Chapter 8

第8章 提高地方政府投资绩效的政策建议

第8章 提高地方政府投资绩效的政策建议

8.1 主 要 结 论

本书基于对我国财政分权下地方政府投资的演进,在宏观测度和微观博弈方面分析财政分权与地方政府投资绩效之间的关系,得出如下结论:

(1) 中国政府投资体制已经逐步形成,政府投资范围也已经基本明确,但中央和地方政府的投资责任划分仍需进一步细化。在投资模式上,已经形成了多样化投资模式,但多种形式并存也存在一些矛盾,需要规范发展。

(2) 中国地方政府投资规模表现出明显的空间分层特征。其中,以云南、新疆、青海、西藏、甘肃等为代表的西部地区地方政府投资占比较高,中部地区次之,以江苏、浙江、北京、天津为代表的东部地区地方政府投资占比较低。地方政府投资占比的高低反映了地方政府干预经济的强弱,东部地区经济发展水平较高、市场开放程度较高、市场体制建设较为完善,因而私人投资较为强劲。但是西部区域,经济发展较为落后、产业布局较为分散、市场化程度较低,因而投资主要以政府为主体。

(3) 中国地方政府投资效率也表现出明显的空间分层特征。江苏、山东、天津等地区属于地方政府投资效率的高值区域,河北、河南、辽宁、四川等地区属于地方政府投资效率的中值区域,而广大的西部地区和部分中东部地区则属于地方政府投资效率的低值区域。而且从分层区间来看,我国整体的地方政府投资效率较低。

(4) 运用空间可视化方法对 31 个省区市的投资效率进行了分析,得到地方政府投资效率在时空分布上存在严重非均等的结论。其中对技术效率的分析表明,样本年份内只有少数个别地区能够达到前沿面,而绝大部分地区技术效率值较低;对于纯技术效率的分析表明，样本年份内约有1/3的地区能够达到纯技术效率的前沿面；对于规模效率的分析表明，样本年份内约有70%的地区能够达到或接近规模效率的前沿面。

基于Malmquist指数的分解表明，各地区地方政府投资的全要素生产率呈现出轮番引领的态势，其中在2010年之前Malmquist指数的排序为东部地区＞中部地区＞西部地区，2011～2016年西部地区的Malmquist指数的表现比较抢眼。

（5）基于绝对趋同的收敛性分析表明，总体而言，中国地方政府投资效率总体表现为绝对趋同特征，但是分区域来看，地方政府投资效率方差的变动呈现出分阶段的不同特征。对地方政府投资效率做趋同性分析发现，中国地方政府投资效率差距逐渐缩小。

（6）通过实证分析研究了财政分权与地方政府投资绩效之间的关系，主要的研究结论有：

一是当使用预算内资金来源的固定资产投资作为地方政府投资规模的度量指标时，财政分权与地方政府投资规模之间是负相关关系，可能原因在于财政分权度较高的地区同时也是经济发展水平较高的地区，辖区内的外企、民营和国有等社会性的力量较为强大，市场活力较强，有能力和动力在地区固定资产投资中发挥重要作用，财政投资的重要性反而有所下降。该研究结论对于地方政府大力推广政府和社会资本合作的PPP模式提供了经验证据支持。

二是当使用逐项累加法计算得到地方政府投资规模指标时，财政分权与地方政府投资规模之间是正相关关系，可能原因在于财政分权度越高，地方政府得到的经济自主权和资源支配权越多，地方政府从辖区经济发展中能够分享更多成果。在"中国式分权"制度环境下，地方官员为实现政治、经济收益最大化，会致力于通过扩大投资规模的政策手段实现辖区经济的快速增长。

三是财政分权与地方政府投资技术效率之间的关系并不显著，可能原因在于财政分权对地方政府投资效率同时存在着提升效应和抑制效应，实证回归结果不显著可能是由于提升效应和抑制效应的力量达到了均衡，此外，户籍制度、财权事权划分不完善等制度性因素也可能会限制提升效应，最终造成财政分权与地方政府投资技术效率之间的关系不显著。

（7）地方政府投资相关利益主体的博弈分析。基于中央和地方政府的投资博弈分析发现，双方在博弈过程中互有优劣势，出现确定各自投资分配额时不断"讨价还价"的重复博弈过程，结束循环博弈的关键在于利用制度设计增加双方内在利益的一致性；基于地方政府之间的投资博弈分析发现，对于跨区域基础设施投资，只有经济激励时，强调个体理性的地方政府之间不会选择合作，导致供给不足，当加入政治激励后，地方政府之间又会相互竞争，出现重复投资，导致供给过度；基于地方政府投资中其他相关利益主体的投资博弈分析，社会公众与立法机构、立法机构与政府部门、财政部门与财政资金使用部门、政府部门与私人部门之间，每一层委托代理关系中，由于信息不对称，容易出现代理人违背委托人利益的机会主义行为。又由于公共投资中代理层次多，监督机制不健全，投资信息传递不灵，导致政府投资的效率损失，因此，需要在投资中加强绩效监督管理。

8.2　政　策　建　议

8.2.1　合理划分地方政府投资责任

（1）划分原则。

根据财政分权的相关理论，合理划分中央政府和地方政府各自的投资责任需要遵循公平性原则和效率性原则。

根据公平性原则，社会成员对公共产品的成本分担应该与从中享受到的收益相匹配。全国性的公共产品由全国范围内的社会成员享受收益，成本应该由全国范围内的社会成员承担，所以体现国家主权的国防和外交服务、维护统一市场的法律法规类公共服务以及受益范围覆盖全国的基本公共服务应由中央负责；地方性公共产品由区域范围内的社会成员享受收益，成本应该由区域范围内的社会成员承担，所以地区性基本公共服务应由地方负责；具有效益外溢性的地方性公共产品，区域范围内外的社会成员共同受益，由地方政府和中央政府共同提供，中央政府对地方政府进行转移支付，转移支付力度的大小取决于外部性的大小。

根据效率原则，地方政府具有信息优势，更了解本辖区内社会成员对公共产品的偏好；地方政府层级较低，社会成员的真实意愿更容易显现出来，所以地方性公共物品由地方政府提供效率更高。所以要充分发挥地方政府尤其是基层政府的信息优势、决策优势、竞争优势和创新优势，将所需信息量大、信息复杂且获取困难的基本公共服务优先作为地方的财政事权，提高公共产品供给效率，降低供给成本。信息比较容易获取和甄别的全国性基本公共服务宜作为中央的财政事权。

（2）中央与地方投资责任的具体划分。

政府投资是提供公共产品的重要方式，几乎所有财政事权的行使都有政府投资的形式，所以中央和地方投资责任的划分和财政事权支出责任的划分是非常一致的。

2016年、2017年和2018年国务院连续三年发布文件推动中央政府和地方政府的财权和支出责任改革[1]。本着中央政府和地方政府财权事权对称的原则，中央政府和地方政府财权和支出责任的改革方向主要在以下三个方面：首先，要适度强化中央政府的财政事权，加强

---

[1] 2016年《国务院关于推进中央和地方财政事权和支出责任划分改革的指导意见》（国发〔2016〕49号），2017年发布了《国务院关于印发"十三五"推进基本公共服务均等化规划的通知》（国发〔2017〕9号），2018年发布了《基本公共服务领域中央与地方共同财政事权和支出责任划分改革方案》（国办发〔2018〕6号）。

中央政府在全国性公共产品领域的财政事权;其次,要保障地方履行财政事权,要明确地方性公共产品的范围,将提供地方性公共产品作为地方政府的事权;最后,将具有效益外溢性的地方性公共产品,确定为中央与地方共同财政事权。

根据中央的文件对财政事权划分的要求,结合财政分权理论对中央和地方责任划分的理论,中央和地方政府投资责任的划分和理论依据如表8-1所示。

表8-1 中央和地方投资责任的划分

	划分内容	理论依据
中央	国防、外交、国家安全	体现国家主权,需要行动一致
	出入境管理、国防公路、国界河湖治理	受益范围覆盖全国,全社会成员共同受益
	全国性重大传染病防治、全国性大通道、全国性战略性自然资源使用和保护	具有较强外部性,中央能够更好地协调关系,做到行动统一
地方	城市交通、农村公路、路灯、城市供水、排污、垃圾处理、电力	基础设施,受益范围限于辖区内
	医院、小学、初中、幼儿园、消防、警察、保障房	信息相对复杂,地方投资具有更高的效率
	港口、机场、车站、灌溉设施	地方性基础产业,地方受益较多
	文化艺术馆、博物馆、图书馆	提高文化水平的公共产品,具有地方特点,地方受益
中央和地方共同承担	义务教育、高等教育、科技研发、公共文化、基本养老保险、基本医疗和公共卫生、城乡居民基本医疗保险、就业、粮食安全、跨省(区、市)重大基础设施项目建设和环境保护与治理等体现中央战略意图、跨省(区、市)且具有地域管理信息优势的基本公共服务	具有一定的地方受益特点,但又较强外溢性,需要共同承担

(3)中央和地方投资责任的划分需要根据财政事权的调整而调整。

中央和地方投资责任的划分具有一定的理论依据,但在实践工作中，存在财力划分导致的中央或地方承担投资责任的能力差异。根据财力的变化和责任的变化，需要对责任划分动态调节。投资责任的调节需要依据财政事权的调整。

中央和地方政府间的财政事权应该随着客观条件的变化而随时进行调整。首先，及时调整政府和市场各自承担的事务。对新增及尚未明确划分的基本公共服务，要根据社会主义市场经济体制改革进展、经济社会发展需求以及各级政府财力增长情况，将应由市场或社会承担的事务交由市场主体或社会力量承担，将应由政府提供的基本公共服务统筹研究划分为中央财政事权、地方财政事权或中央与地方共同财政事权。其次，及时调整各级政府各自承担的事务。在条件成熟时，将全国范围内环境质量监测和对全国生态具有基础性、战略性作用的生态环境保护等基本公共服务，逐步上划为中央的财政事权。

8.2.2 规范地方政府投资模式

规范政府投资模式，提升地方政府投资效率，就是要让市场"法无禁止即可为"，让政府"法无授权不可为"。在第十二届全国人大二次会议记者会上，李克强总理就提出把简政放权作为政府改革的推手，逐步取消政府的审批特权，激发市场活力。

规范地方政府投资模式，提升地方政府投资效率，就是要提升市场配置基础资源的能力。主动让市场的"无形之手"去选择资源的流向和产业导向，为社会资本和智力要素提供同等参与分享创造价值的机会。

我们应当看到，当一个"大块头"经济体的体制框架已经基本确立、经济发展已然步入中高发展阶段、产业"瓶颈"已经凸显之时，这时政府引领经济的责任应当逐步淡化，市场应该发挥更大的能动作用。具体来看，在规范投资模式方面，地方政府应当做出以下努力。

第8章 提高地方政府投资绩效的政策建议

（1）建立与投资模式相匹配的财政保障制度。

经典财政理论认为地方政府投资具有周期性和阶段特征。通常而言，一个完整的经济周期大致包含繁荣、衰退、萧条和复苏四个阶段，为防止经济的过冷或者过热，政府在其中往往会进行反经济周期的逆向操作。因此，地方政府投资应该作为地方政府的一种可控的自由裁量工具来对经济进行干预和调节，并保证辖区经济社会合理有效运行；另外，以马斯格雷夫（1969）为代表的财政学家和罗斯托（1960）为代表的发展经济学家认为，经济发展表现出明显的阶段特征，在经济体达至成熟阶段以前，财政应该为政府投资提供强劲的财力支撑以保证大规模可持续性的投资得以进行，而在经济体达至成熟阶段以后，政府投资结构则应更多地偏向于公共民生领域的支出。

建立与投资模式相匹配的财政保障制度就是要求地方政府应该根据区域的特殊性和经济发展的阶段特征对投资规模、投资结构、投资动能进行相应的动态调整。我国区域经济空间分层特征明显，以"胡焕庸线"为界，东南区域的经济活力和人口密度明显高于其西北区域。因此，地方政府投资相应应更多地偏向于这一地区，以保证区域经济发展的良性循环。

建立与投资模式相匹配的财政保障制度就是要求对一些关系到区域战略和国计民生的项目与财政国库建立双向负责的"映射"关系。地方政府投资的项目大多属于基础性项目，切实关系到居民公共福利。但是，我们看到的一个社会现实问题即，很多基础性项目的地方政府投资是一次性的，财政投入缺乏可持续性。财政部门关于项目本身的合规性和后续经营缺乏持续的动态监管，以至于使项目本身的后续投入得不到必要的财政支持。这就要求，地方政府部门转变自身的角色认知，其不仅仅是地方政府的一个分支部门，更是地方政府部门履行职责的监督者和评估者。

建立与投资模式相匹配的财政保障制度就是要在新《预算法》的体制框架内充分调动地方政府经济发展的积极性。"财政"一词的最为直接的表述即以财行政、以政理财，地方政府作为其实施主体具有其自身的利益诉求。尤其是伴随着分税制体制改革的深化和新《预算法》的实施，中央政府授予了地方政府一定的举债权限，但又逐步明确摆脱为地方政府债务信誉背书的角色，这就使地方政府在投资功利性的目标下要改变原有缺乏系统性的规划和约束的投资混乱现象。

（2）改进政府项目管理模式。

现行的政府公共工程项目管理绝大部分依然遵循着政府投资项目工程管理模式，由政府直接牵头负责和实施某一工程项目的具体建设和推进，项目资金来源于财政部门。由于政府部门直接领导和负责，这类管理模式具有决策高效的特征，一般而言，公共工程质量较有保证。但是其也多为人们所诟病，主要有以下几点原因：①公共工程项目的建设一般需要有较高门槛的专业知识，但是在政府投资项目工程管理模式下，临时组建的政府基建班子往往对基建知识、融资程序、建设法规等缺乏足够的理解和重视，因此较难将工作落实到具体。②在政府投资项目工程管理模式下，地方政府对工程建设和进度拥有绝对的话语权，公共工程建设中寻租、设租、浪费等现象严重，重建设、轻规划造成投资效率不高。

2004年，中国政府发布了《国务院关于投资体制改革的决定》一文，提出改变政府大包大揽的建设观念，逐步确立企业的投资主体地位意识，公共工程代建制逐渐成为一种趋势。项目工程代建制以招投标的方式解决了政府部门专业性不足和公共工程支出高居不下的难题。但是，代建制实行的前提即清晰的法律关系定位和统一指导的规范性文件，而这恰恰也是代建制项目管理模式目前所缺乏的。而且，在代建制项目管理模式下，企业和政府在合作过程中存在较强的博弈行为，虽然有一定的约束和监督机制，但是激励性不足。代建方往往是自利性的私营企业，为了追求利益最大化，其往往会选择分包乃至偷工减料以节省成本，降低了人们对公共工程质量的信念预期。

第8章 提高地方政府投资绩效的政策建议

除了积极探索新的政府管理模式以外，改进政府项目管理模式就是要查漏补缺、不断完善现行的政府项目管理模式。确保项目招投标信息、财务信息的公开和透明，推行项目审批和报销的规范化流程、规范项目监理制度、严把项目验收质量关口。

（3）推行公共投资主体多元化，引入竞争机制。

从本书第 6 章节财政分权影响地方政府投资效率的实证分析中可以看出，财政分权对地方政府投资具有提升和抑制两种效应，而推行公共投资主体多元化，引入竞争机制的目的则在于将竞争机制引入政府公共投资项目中，使民间资本能够激发政府投资的活力，提升政府对公共投资项目的"成本—收益"分析的重视。

当前，我国面临的最为深刻和棘手的难题就是产能过剩和金融性投机同时并存，产能过剩挤压了企业生产的空间，考虑到"成本—收益"关系，地方政府对公共基础设施建设开始变得谨慎，金融性投机貌似为巨额的资本寻找到一条投资路径，但是却极易扰乱市场经济秩序，而且其风险不言而喻。这就形成了这样一个"怪圈"，地方政府无钱投资和不愿意投资，表现为地方政府投资资金来源的不可持续性，而民间资本却又找不到合适的项目投资。

规范地方投资模式，提升地方政府投资效率，使资本要素在政府和市场双维框架内合理有序运行是保持经济社会良好运行的必要前提。基于有效市场和有为政府的治理模式，政府和社会资本的合作模式（PPP）和政府投资产业基金引导模式是目前社会较为推崇的两种地方政府投资治理模式。

① 政府和社会资本的合作模式（PPP）。

PPP（public-private partnership）是地方政府投融资方式的深化和发展，是继 BT（build-transfer）、BOT（build-operation-transfer）、TOT（transfer-operate-transfer）等投融资模式后，地方政府在投融资领域的又一创新性试验。PPP 的本质特征依然是为地方政府筹集建设资金，但是不同于原有的政府投融资体制和模式，PPP 模式凸显了风险主体责任和民间资本的作用。在产能过剩和资本投机性加剧的大背景下，激活民间资本的创造、创业活力成为PPP的最重要内容。认识PPP模式，必须从以下方面深刻把握其内涵特征。

第一，PPP模式是基础设施领域的一种投资模式，是政府投融资体制的创新型工具。"提质增效"是"十三五"（2016~2020年）规划的核心要求，而提升政府效率必然要求引入竞争机制，打破地方政府"摊大饼"型的粗放型经济发展模式。PPP引入民间私营资本，促使政府部门和民间资本相容共生，互相监督。

第二，PPP的结构特征在于激发资本要素，尤其是民间资本要素的投资活力。长久以来，受计划经济体制的影响，地方政府投资只注重需求端，而忽视了供给端，导致地方政府财政支出规模巨大，赤字和债务负担沉重，地方政府投资效率不高。PPP将民间资本引入其中，优化了资本结构，私营部门在项目的论证、设计、施工环节全过程参与，有助于项目论证的科学性和财物经营的稳健性。

第三，PPP可以在一定程度上保证民间资本的有利可图。民间资本一般以追求利润为其基本特征，没有利润的行业是吸引不到民间资本积极投入的。PPP资本的投向一般为公路、铁路等具有固定资产属性的物质要素，过去这些投资方向的经营收益为政府所垄断，而PPP则给予了民间资本一定的参与权和话语权，而且政府可以给予私人投资者相应的政策扶持作为补偿，如税收优惠、贷款担保、给予民营企业沿线土地优先开发权等。通过实施这些政策可提高民营资本投资的收益权以规避投资风险。

第四，PPP有利于提升公共服务质量，促进政府部门向服务型政府转变。在PPP融资模式下，地方政府支出约束得以缓解，项目经营风险由政府和民间资本共担，这就会促使地方政府将更多的精力转向制度改善和效能提升上来。

② 政府投资产业基金引导模式。

政府投资产业基金是地方政府基础公共服务提供和新兴产业战略

第8章 提高地方政府投资绩效的政策建议

引导的重要手段，是地方政府专项政策性资金的杠杆操作。

财政部2015年出台的《关于财政资金注资政府投资基金支持产业发展的指导意见》指出，财政资金注资政府投资基金支持产业发展，使市场在资源配置中起决定性作用，更好地发挥政府引导作用。协调好财政资金杠杆放大作用和多种所有制资本相互促进作用，加强顶层设计，坚持市场化运作，规范有序推进，推动解决产业重点领域和薄弱环节的资金、市场、技术等"瓶颈"制约。

政府投资产业基金一般采取公司制运作模式，政府和企业部门按照契约签订建立组织框架。一般而言，政府产业基金构架方式多样，根据2017年国家发展和改革委员会出台的《政府出资产业投资基金管理暂行办法》的要求，政府出资参与人不得参与基金日常管理事务，国内的商业银行负责基金的托管权同时，并指出政府出资产业投资可通过参股基金、联合投资、融资担保、政府出资适当让利等多种方式，从而使政府投资基金在贯彻产业政策、引导民间投资和稳定经济增长等方面充分发挥作用。政府产业引导基金是供给侧改革的制度深化，有利于打破政府投资僵化的体制弊端，充分激化市场活力。

第一，传统的政府公共投资模式往往过度依赖于政府投资，或者是采取"代建制"形式，当财政资金不足时，"钓鱼工程"和"烂尾项目"时有发生，而政府投资引导基金则是政府信誉背书，且政府投入的部分资金类似于交易制度中的保证金制度，能够有效激发民间资本的主体参与。

第二，政府投资引导基金在解决地方政府财力不足的同时，能够有效地改善项目的资金来源结构，优化资金的配置效率。政府投资引导基金广泛吸收社会资金，形成多元化的社会出资结构，各出资方相互监督、相互制衡，协同促进公共投资项目的健康发展。

第三，基于顶层设计的政府投资引导基金有利于公共投资项目形成"股权融资+债券融资"的双轮驱动格局，缓解地方政府的融资约束。政府投资引导基金的"国资"背景和产权制度保证是其成为当前地方政府投资新锐模式的重要原因。

8.2.3 落实绩效评价，加强地方政府投资的绩效管理

在地方政府投资过程中，由于地方政府与中央政府存在博弈，地方政府投资各主体之间存在委托代理关系，各个主体站在各自立场上追逐不同的利益，采取不同的行动，会影响地方政府投资的效率。为了提高投资效率，无论是中央对地方，还是财政部门对各个投资主体，都需要加强绩效管理。

自 2003 年 10 月，党的十六届三中全会通过的《中共中央关于完善社会主义市场经济体制若干问题的决定》提出"建立预算绩效评价体系"后，我国中央和地方各级财政部门逐步对财政支出开展了以绩效评价为核心的绩效管理。2011 年财政部发布《财政支出绩效评价管理暂行办法》，加强了绩效评价的制度约束。绩效评价按照评价对象可分为：项目评价、单位评价、部门评价和综合评价（陈工和袁星候，2007）。项目评价指对运用财政资金投资的具体项目开展的绩效评价，主要是对政府投资项目进行绩效评价；单位评价是对预算单位的财政支出绩效进行评价，包括各预算单位的项目评价；部门评价是对政府某部门全部财政支出绩效的评价，包括部门主管的各预算单位的评价；综合评价则是对某级政府所有财政支出开展绩效评价，包括政府各部门的支出。

从评价内容上看，从单位评价到综合评价，因为包含的内容越来越多，信息复杂，指标很难量化，较难达到很好的评价效果。而项目评价的对象是政府投资项目，指标也最容易量化，评价也越容易做到客观公正。2011 年《财政支出绩效评价管理暂行办法》指出"绩效评价应当以项目支出为重点"。以政府投资项目为主要对象的项目评价是目前绩效管理的主要内容。《预算绩效管理工作计划（2012～2015 年）》也专门强调项目评价，提出编报绩效目标进行绩效管理的

第 8 章　提高地方政府投资绩效的政策建议

项目资金占比要达到本部门项目资金的 50%。

（1）我国开展了大量的以政府投资为主的项目评价，取得了一定效果，但也存在一些问题。

第一，地方政府投资项目的绩效评价结果没有有效运用。

按照绩效评价管理的一般流程，首先确定评价目的，明确可量化的目标；其次建立指标体系与测量标准，并根据测量标准跟踪与评价绩效；再次形成绩效评价结果报告；最后对评价结果进行反馈和应用。所谓"应用"就是让投资项目的绩效评价结果成为其后续预算资金使用的前提，即前期的绩效评价结果决定着后期的预算安排。2011 年《财政支出绩效评价管理暂行办法》规定预算部门要对评价中发现的问题进行整改，"不进行整改或整改不到位的，应当根据情况调整项目或相应调减项目预算，直至取消该项财政支出"。2014 年新《预算法》规定预算编制应该"参考上一年预算执行情况、有关支出绩效评价结果和本年度收支预测"。法律法规都明确提出要"应用"绩效评价结果。

绩效评价结果能够决定后期的预算安排，才能够起到评价并提高效率的作用。在实际工作中，绩效评价往往只走到绩效评价结果反馈到相关部门并要求整改的程序就没有后文了。绩效评价结果没有有效运用，就相当于绩效评价没有产生实际影响，绩效评价工作没有落实。

第二，绩效评价的个性指标体系仍存缺陷。

我国目前实际上是以财政部门作为绩效评价的管理者。财政部将绩效评价指标分为共性指标和个性指标。共性指标适用于所有评价对象，个性指标需要针对预算部门或项目特点专门设定。2013 年，财政部印发《预算绩效评价共性指标体系框架》，对于项目支出，从投入、过程、产出、效果四个方面设置了 6 个二级指标和 20 个三级指标。个性指标体系需要各个预算部门根据项目特点来设定。由于预算部门多、项目特点多，一个预算部门可能涉及多种投资项目，不同的预算部门可能有同种性质的投资项目,指标体系的建设难度较大。目前,已经建立了林业、农业、江河湖泊生态环境保护、城镇保障性安居工程、城市管网、水污染防治等方面的绩效评价指标。一方面,现有的个性指标体系尚未覆盖所有政府投资领域;另一方面,现有的个性评价指标多数是针对投资过程的绩效管理,缺乏评价项目效益的指标。

第三,绩效评价主体失位。

谁应该是财政支出绩效评价的主体?需要先回答财政支出绩效评价是财政监督的手段还是监督财政的手段?"财政监督"是由财政部门发挥监督作用,监督财政资金的使用绩效;"监督财政"则是将包括财政部门在内的所有财政资金使用单位都作为监督对象,监督财政资金使用绩效。《预算法》第一条"为了规范政府收支行为,强化预算约束……根据宪法,制定本法",明确政府收支行为是被规范监督的对象。我国《宪法》第62条赋予人民代表大会"审查和批准国家的预算和预算执行情况"的权力。所以人大是代表人民监督政府、监督财政支出绩效的主体,也应该是财政支出绩效评价的主体。

我国财政支出绩效评价一直是由财政部推动的,《财政支出绩效评价管理暂行办法》中规定各级财政部门和各预算部门(单位)是绩效评价的主体,绩效评价工作可委托专家、中介机构等第三方实施。目前我国所有的财政支出绩效评价工作都是由财政部门主导的。财政部门和预算部门作出内部评价是财政支出绩效评价的一个重要环节,但真正具有评价主体地位的人民代表大会在财政支出绩效评价中却是缺失的。

(2)落实地方政府投资项目绩效评价的建议。

第一,在预算种类中增加"政府投资预算",以专门的预算约束政府投资,落实绩效评价结果的应用,加强绩效管理。

我国现行政府预算包括一般公共预算、政府性基金预算、国有资本经营预算、社会保险基金预算,没有专门针对项目投资的预算,对

第8章　提高地方政府投资绩效的政策建议

投资项目的管理分散在各个预算中。可以考虑增加"政府投资预算",每个预算部门在编报预算时将本部门的政府投资项目纳入专门预算,有利于项目评价结果的应用,从而提高政府投资绩效。

在我国投资项目的绩效评价实践中,由于政府投资项目的预算安排常常是一次性的,投资结束就没有后续预算安排了,因此,即使项目绩效评价结果不佳,也没法再用预算来约束。考虑到每个预算部门(尤其是基建、农林等部门)都会有固定资产投资项目的安排,有条件对项目进行专门的预算管理,这样,项目评价的结果可能无法再对本项目形成约束,却可能通过"政府投资预算"对执行项目的预算部门产生预算约束,从而增加项目执行单位的压力,提高投资绩效。

第二,以项目特点分类设置个性指标体系,加强评价投资效果的指标。

我国已经建立了一部分行业的个性指标体系,能够对投资特点明显的行业开展绩效评价,如农林、水利、环境治理等。但还有很多单位没有太明显的投资特点,如行政机关、学校、医院等,其固定资产投资项目具有一定的同质性,基本都是建筑物和某些固定资产的购建,这些预算部门没有必要以部门设置个性指标体系,可以考虑以固定资产的特点设置个性指标,如楼房、绿化、道路(桥梁)等。

在项目评价指标的设置上应该增加评价投资效果的内容。现有项目评价的共性指标体系主要从项目立项的规范性、资金落实的程度、资金使用的合规性等方面评价项目,侧重于对投资过程的管理。个性指标体系,以"水污染防治"为例,设置了资金管理、项目管理、产出和效益三类一级指标,前两项也是投资过程的评价,产出和效益(55分)则设置了水环境质量目标(30分)、水污染防治重点工作(15分)、经济社会效益指标(5分)和满意度指标(5分),重点在于工作的完成情况。在此类指标的设置上应该增加更多效益指标,因为固定资产投资项目多数可以用成本—效益法或最低费用法来评价,相对于其他形式的财政支出更有条件衡量其经济社会效益。

第三，将审计部门划归人大常委会，加强人大对财政开展绩效评价的能力。

我国《宪法》赋予了人大监督政府的权力，包括对所有财政资金使用的监督权，所以人大是最合适的绩效评价主体。但在实践中，人大及其常委会对预算及预算执行情况的监督能力非常有限。在机构设置上，人大常委会一般都设置了财经委员会或者预算工作委员会等机构开展对预算的监督工作，应该是有条件实现监督。但在地方尤其是基层（如县级），一方面财经委员会或者预算工作委员会的专业知识不足，难以监督；另一方面专职从事预算监督的人员太少，一些县级人大甚至只有一个人对整个政府进行预算监督，几乎是不可完成的任务。

一方面是人大的监督能力不够，另一方面又存在着审计部门的审计难题。《预算法》规定"县级以上地方各级政府财政部门编制本级决算草案，经本级政府审计部门审计后，报本级政府审定"，审计部门有权审计本级政府的决算。而在《审计法》第十六条规定"审计机关对本级各部门（含直属单位）和下级政府预算的执行情况和决算"，审计机关只能审计本级政府各部门的预决算，而不能审计本级政府的预决算。两部法律对审计部门的规定存在冲突。

最好的解决办法是将审计部门划归人大，成为人大常委会的工作机构。《宪法》中人大对本级政府的监督权力，人大的工作机构也就自然有权力监督本级政府。审计部门的专业能力和人才队伍也能够保证对政府部门开展财政支出绩效评价，使人大能够成为实实在在的绩效评价主体。

8.2.4 完善地方官员政绩考核机制

改革开放四十年来，中国经济取得举世瞩目的成就，其中"为增长而竞争"的政治晋升激励制度发挥了不可替代的作用，基于

第8章 提高地方政府投资绩效的政策建议

GDP 增长的"晋升锦标赛"制度对地方官员行为实际上发挥着"指挥棒"的作用。以经济增长为核心的政绩考核指标，强烈地激励着地方官员在任期内为实现快速的经济增长而不断招商引资、改善辖区基础设施、扩大政府投资规模，这种强激励的效果一方面表现为中国经济的快速增长，财政收入长期超 GDP 增长，赶超发达国家水平的铁路、公路、城市交通通信等基础设施；另一方面也对地方官员的行为带来了一系列的激励扭曲，如地方官员忽视环境保护，采用粗放型经济增长模式，财政支出结构扭曲，教育、医疗、养老等民生事业长期发展滞后等。

（1）转变唯"GDP"导向的政绩观。

政绩考核是对各级政府和官员在工作任期内的成绩评价，是评价各级政府和官员的"度量衡"，关系着官员选拔的价值导向，根据何种标准选贤任能对于推动党和国家治理能力的现代化有着重要意义。2013 年 6 月 30 日习近平总书记在全国组织工作会议上指出，"选什么人就是风向标，就有什么样的干部作风"，对于各级领导干部的考核"再也不能简单以国内生产总值增长率来论英雄了"。2013 年 12 月 10 日中共中央组织部印发了《关于改进地方党政领导班子和领导干部政绩考核工作的通知》，该通知以深入落实科学发展观、解决发展中突出问题为指导思想，明确提出必须从制度层面解决单纯以"GDP 增长速度"评定政绩的偏向，引导各级政府和官员将施政重点放到"转方式、调结构、促改革、惠民生"上来。

关于地方官员政绩考核不再以经济增长论英雄，主要包含五层含义：

一是政绩考核不再唯 GDP。目前地方官员面临着来自方方面面的全方位政绩考核，既有工作任期内的年度考核、绩效考核，也有上级政府关注的目标责任考核，更有职务调整时的任职考察和换届考察。以往在这些政绩考核中主要是以任期内的经济增长情况为主要考核指标，今后则要看全面工作水平，更看重解决辖区内突出矛盾和突出问题的成效。

二是不再搞 GDP 增长排名。在晋升激励中，地方官员的相对排名对其政治收益的影响更大，地方官员在为提高 GDP 相对位次而激烈竞争也带来很多负面影响。今后中央各部门和地方各级政府均不再简单依据 GDP 增长率和增长情况的排名去衡量各级官员发展成效。

三是限制开发区域不再考核 GDP。对于在农产品主产区和重点生态功能区工作的各级领导班子和地方政府，主要考核其农业和生态保护方面的工作成效；对于禁止开发的重点生态功能区，则以辖区内自然文化资源的完整性和原真性保护情况为主要考核指标；对于直接关系能否打赢扶贫攻坚战的国家扶贫重点县，主要考核精准减贫的工作成效。

四是加强地方政府债务状况的考核。地方官员在追求 GDP 快速增长的过程中存在不计成本、不计代价，盲目追求经济增长的情况，其中超出地方财政偿还能力的盲目举债行为已经成为影响我国金融安全的重大隐患。此次在通知中将地方政府债务作为约束性的硬指标纳入政绩考核，对于完善政绩考核有着重要意义。

五是政绩考核结果使用不能简单以 GDP 论英雄。对于干部的选拔任用、职级待遇不能简单以 GDP 增长来论英雄，而要根据干部的德才素质、工作需求、群众认可等综合情况做出更加符合实际情况的评价。

根据国家统计局公布的数据，2017 年我国人均 GDP 是 8836 美元，按照世界银行高收入国家 12000 美元的标准，我国目前属于中等偏上收入水平国家。按照"十三五"规划，到 2020 年要全面建成小康社会的要求，我国仍必须保持一定的 GDP 增长速度，才能在未来五年内完成全面建成小康社会的任务，进入高收入国家行列，GDP 增长今后一段时间在地方官员的政绩考核中仍会占有重要地位。我们需要做的是，一方面全面深化经济改革，让市场在资源配置中起决定性作用，更好地发挥政府作用；另一方面要全面考核地方官员在经

第 8 章 提高地方政府投资绩效的政策建议

济、政治、社会、环境保护和党的建设等方面的工作实效，转变唯GDP的政绩观。

（2）完善政绩考核评价指标体系。

科学合理的政绩考核能够引导地方官员的行为，政绩考核的指标体系是评价各级政府和官员的"蓝本"，是客观公正评价他们工作成绩的关键要素。长期以来，我国各级政府的政绩评价指标体系存在着考核指标同质化严重，考核指标大而全、核心指标不突出，指标内容经济化偏向，重显性指标、轻隐性指标等问题。

一是考核指标大而全，核心指标不突出。我国各级政府均实行了政绩考核制度，各级政府在一级考核指标方面大多设置了政治、经济、民生、环境保护等类别，在二、三级指标方面虽有所细化，但内容上大同小异，并没有根据各地区、各级政府、各部门的地域差别、工作重点实行差异化设置。考核指标的面面俱到进而造成了政绩考核的实际工作中存在着主次矛盾不分、核心指标不突出的问题。

二是指标内容经济化偏向。因为GDP增长情况在干部考核中占有重要地位，地方官员在追求经济增长过程中过度强调短期经济效益，也就不能从本辖区长远利益出发做出正确决策，存在着忽视辖区教育、科技创新、医疗、环境保护等事业的发展，在部分地区甚至存在着财政收入、GDP增长数据造假的情况。

三是重显性指标、轻隐性指标。地方官员的政绩既包括容易测度的经济增长、财政收入、招商引资等显性政绩，也包括不容易测度的基础教育、基本医疗卫生、社会保障、科技创新等隐性政绩。地方官员通常会将工作重点放在更容易显示工作能力的显性政绩，将大量资源投入辖区的经济增长，这就必然会挤占能够用于教育、卫生等民生事业的资源。

为科学评价各级政府和官员的工作业绩，提高政绩考核的科学性和合理性，需要进一步完善政绩考核指标体系。

一是科学分类评价指标。在考核评价各级政府和官员的政绩，需要对考核评价指标进行科学分类，结合各地区在当前形势下面临的突出问题和工作重点分别设定考核指标，避免考核的指标的大而全、"一刀切"。例如，对沿海经济发达地区，中西部生态环境保护区和粮食主产区，国家扶贫开发工作重点地区和连片特困地区，就需要充分考虑各地区的功能定位、资源禀赋等差异化特征，分别设定政绩考核指标内容。

二是显性政绩和隐性政绩的平衡。显性政绩和隐性政绩是官员政绩的两个方面，两者间是辩证统一的关系，显性政绩是隐性政绩的资金来源和实力保障，隐性政绩则是显性政绩的归宿与初心。科学合理的政绩评价指标体系需要将隐性政绩纳入考核指标，并根据发展阶段的变化，动态地调整隐性政绩和显性政绩的考核权重，从而全面客观地评价官员。

三是协调好经济建设和全面发展。政绩考核指标体系不能单纯地考核经济增长，也要秉承着"创新、协调、绿色、开放、共享"的发展理念，加快转变经济增长方式，重视生态保护、民生改善等事业的发展。

（3）提升政绩考核的民众参与水平。

政绩考核制度改革的最终目的是激励地方政府更好地为人民服务，前述的改变唯 GDP 增长导向和完善政绩考核指标体系，它们的共性仍旧是基于"向上负责"的晋升激励考核制度，从根本上说仍旧属于政绩考核的"改良"办法，长期执行后仍有可能带来新的激励扭曲问题。所以有必要考虑将"向上负责"的政绩考核制度与"向下负责"的民众监督制度结合起来，充分发挥人民群众更了解官员执政业绩的信息优势。

一是强化民众满意度在政绩考核中的影响力。通过民意调查、群众投票等方式汇聚民众对地方官员的施政满意度，并将民众满意度作为地方官员职务调整的重要参考依据，促使地方官员的行为决策必须考虑辖区民众的偏好，激励地方官员将个人努力方向调整到符合辖区民众的公共利益导向上。

二是提升民众在政绩考核中的话语权。中央政府在考核地方政府工作实绩时，面临着信息不对称问题难以有效监管地方官员，地方官员受到的同级监督又比较有限，地方官员更多的是执行自利性政策偏好，甚至存在腐败行为。人民群众居住在本辖区，又是地方官员行为决策的利益相关者，对于监督地方官员有着信息优势和监督积极性。可以考虑通过强化舆论监督，发挥人大监督和政协参政的制度优势，扩大选举官员的差额比例，增强民众在官员政绩考核中的话语权。

（4）实行责任追究制度。

"晋升锦标赛"制度的激励扭曲，使地方官员更关注有限任期内的经济性指标，如财政收入、GDP 增长率、招商引资等，却忽视了社会指标、人文指标、生态指标，带来了诸如环境污染严重、地方债务负担沉重、生产建设型财政支出结构和政府投资规模过大挤压私人投资等问题。为有效遏制地方官员短期机会主义行为，纠正地方官员为 GDP 增长率而不顾一切的错误观念，就要对其违背科学发展的行为实行责任追究制度，使科学发展成为刚性约束。

一是提供法律保障。当前，我国官员问责的依据主要是《公务员法》和党内法律和规范性文件，如《中国共产党党内监督条例（试行）》，地方政府也相应出台了本辖区的地方性法规和规章规定。这些问责依据除了《公务员法》是基本法以外，其他规范性文件和地方性法规存在着法律效力等级不够高、问责范围和问责程序不统一的问题。在全面依法治国背景下，厉行官员责任追究制度的落实的首要任务就是加强立法。

二是完善责任追究程序。程序正义是构建官员责任追究制度的重要支持，有利于提高官员责任追究制度的公信力，在完善官员责任追究制度方面应注重公开性和民主性，建立严格的追责程序。

三是责任追究时限的"终身性"。地方官员决策中存在不经正当程序的"拍胸脯决策"，出现问题后"拍屁股走人"的现象，其中一个重要原因就是地方官员在离任后并不为决策失误负责。所以在完善责任追究制度中需要强调追责时限的"终身性",对于造成严重生态破坏的,超越地方偿债能力盲目举债的,给国家利益和人民群众带来严重伤害的,即使离任也要进行追责,都要对其以前的错误决策负责。

8.2.5 强化财政资金的监管和审计

无论是地方政府投资不足还是投资过度,都是投资效率损失的表现。提高地方政府投资绩效除了合理划分投资责任、规范投资模式、改革绩效评价制度、完善官员绩效考核机制外,关键的一环也在于加强对政府投资资金运用过程的监督,引入第三方监督力量促使投资主体内在行为的规范,提高财政资金的利用效率。目前,我国在财政资金的监督方面还存在一些问题,如财政部门只注重事后结果评价、不重视事前和事中监督,相关监督主体的职责划分部分存有交叉等,这些问题都制约了监督效率的提高,使以监督促投资绩效的作用并没有得以实质性的发挥,因此,提高政府投资绩效,强化财政资金的审计和监督,应从以下几个方面予以完善。

(1) 建立财政资金使用的全过程监督体系。

在本书第 7 章关于政府投资其他相关利益主体的博弈分析中,我们分析了财政部门与财政资金使用部门之间的委托代理关系,由于信息不对称,作为代理人的财政资金使用部门会出现机会主义,从而导致政府投资只重视规模,不注重效率。因为追求自身利益最大化的财政资金使用部门会尽可能地用完财政部门拨付的资金,不会过多考虑资金利用的效果如何,出现投资资金使用的浪费,作为委托人的财政部门只对财政资金使用部门的最后投资完成情况进行评价,并没有对财政资金使用进行事前的可行性评估和事中资金使用的追踪监督。而这些问题恰好也是我国财政部门在监督过程中一直出现的问题,即注

第8章 提高地方政府投资绩效的政策建议

重财政资金使用的事后监督，忽视财政资金使用的事前和事中监督。对此，财政部门应转变财政监督只重视事后监督而忽视事前、事中监督的做法，将事后监督与事前、事中监督有机结合，建立嵌入预算编制、预算执行、决算全过程的财政监督体系。重要的是要对财政资金使用监督关口前移，建立起财政资金使用的全过程监督体系。

具体来看，事前监督主要是对预算编制环节的监督，监督预算规模是否合理，从编制环节就对财政资金的分配加以规范，发挥好事前预警作用。这一点很重要，因为前面我们也分析过，政府官员有追求预算规模最大化的内在冲动，如果财政部门不从预算编制环节就加以监督，很可能会出现政府部门预算编制规模过大，从而导致财政资金后续利用的浪费。事中监督是对预算执行环节的监督，对财政资金使用进行过程追踪，通过事中监督达到促使政府部门财政资金利用规范化的目的。由于财政部门与其他监督部门在财政资金的事后监督上会存在交叉监督问题，因此，为了协调好各监督主体之间的关系，提高监督效率，财政部门的事后监督应当逐渐减少，主要是对预算执行结果，关键是预算绩效的监督。新《预算法》"讲求绩效"的基本原则，"用钱必问效，无效必问责"的绩效理念都是需要财政部门在具体监督执行过程中贯彻的，也就是说，财政部门对资金使用的监督要从合规性向效益性转变。事实上，当前地方政府财力事权不匹配下的财政收支压力也是对政府部门加强预算绩效管理的一种倒逼和约束，促使财政资金的合理高效利用。财政资金使用全过程监督体系的建立详见图 8-1。

（2）建立人大、审计署和财政部门的监督协同机制。

按照现行法律，我国财政部门、人大和审计署都可以对于财政资金的使用进行监督，但是由于相互之间职责尚没有明确，容易出现职责交叉问题，造成工作重复，增加监督成本。所以解决因为信息不对称而带来的财政资金使用部门机会主义行为，并由此可能导致的政府投资效率较低问题，除建立起财政部门全过程的监督体系外，还要建

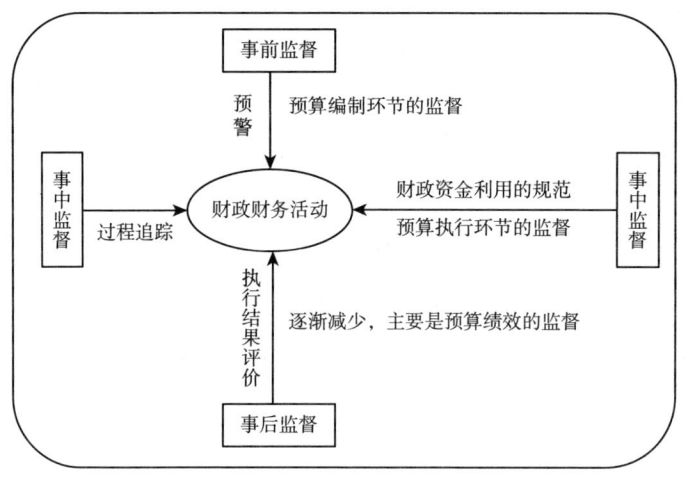

图 8-1　财政资金使用的全过程监督体系

立起人大、财政部门和审计署的监督协同机制，各自分工明确，避免职责交叉。具体来看，财政部门监督如何完善，前面已经详细分析，具体如何做此处不再赘述。

人大作为立法机构应做好对财政资金监督的基础性工作，负责好宏观层面的财政资金监督工作，如负责建立和修订与财政资金使用监督有关的法律法规，审查和批准预算、决算，并授权其他主体的监督权等。目前，人大在财政资金监督上的实质作用还不够突出，原因之一在于人大的审议时间不够充分，无法有效保障监督的效果，所以人大的审议时间要有相应的制度变化，在时间上保证预算审查机构至少提前三个月介入预算编制过程（孔蕊，2016），留有足够的审查时间，前面我们提及，我国的政府预算年度和审议有时间差，政府预算还没有经过人大的审议，但新的预算年度就已经开始，造成每个预算年度都有几个月没有人大监督，而且人大的审议时间又很短，全国人代会差不多半个月的审议时间，所以从时间上为人大预留充分的审议时间十分必要。

在审计部门没有划归人大的现行制度下，审计部门依据《宪法》

第8章　提高地方政府投资绩效的政策建议

和《审计法》赋予的职权进行事后监督，以审计的专业性对财政资金使用状况实现再监督。为进一步提升审计监督效果，从审计体制、审计方式到审计内容上都要予以改革优化。从审计体制上看，目前我国审计机关的审计工作缺乏一定的独立性，地方审计机关是受地方政府及上级审计机关部门的双重领导，所以有必要对我国的审计体制进行改革，优化机构设置，明确职权等（孔祥银和王琰，2018）。从审计方式上看，财政资金的审计由地方审计机关制订计划，由于缺乏充分的审计调研，审计质量无法得以保障，致使审计效率并不高，因此，要进行审计方式的创新，将专项审计和政府投资审计相结合，实现审计监督的全覆盖。从审计内容上看，由于我国对财政资金的审计工作起步较晚，无论是审计监督的广度还是深度上都有不足，除了审计监督的全面覆盖外，还要深化审计监督的内容，增加对财政收支预算编制平衡情况的审计，确保财政资金的真实有效运行。人大、审计署和财政部门的监督协同机制详见图8-2。

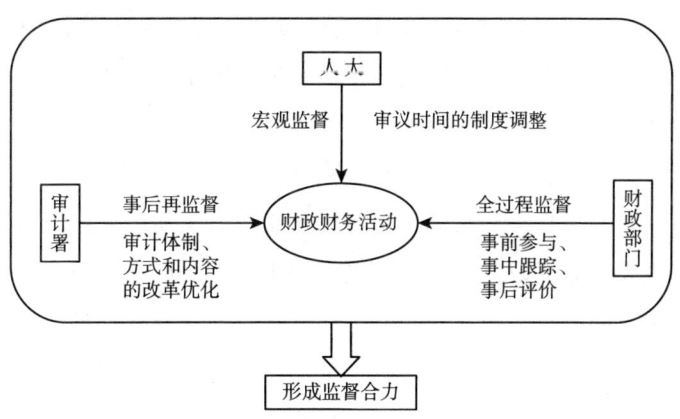

图8-2　人大、审计署和财政部门的协同监督

（3）强化对财政资金使用主体的违法行为责任追究。

各监督主体职责明确后，监督效果的提升还有赖于加强对财政资金使用主体的违法行为责任追究，做到全过程监督中执法必严、违法必究，加大违规违法惩处力度，提高财政资金使用主体的违规违法成本。具体来看：

第一，建立违规违法处理处罚、责任追究落实和成果反馈制度。在财政资金的监督中，如果发现问题必须严格执行处理处罚程序，谁组织检查谁处理处罚，强化责任追究，对涉嫌违反财税法规、违规使用财政资金的行为，由具体的监督部门提出相关建议按程序及时移送有关部门进行处理，对违反财经纪律案件的部门和单位，由各级纪检监察部门依规查处，对于情节特别严重者，依法移交司法机关，有机借助纪检监察和司法机关之力。此外，还要建立成果反馈制度，注重监督检查成果的运用，将监督检查成果利用到预算编制和执行中，使财政资金的审计和监督对预算管理过程产生实质影响。

第二，建立违法违规失信当事人名单。前面已分析，在政府部门和私人部门的委托代理关系中，私人部门因为有信息优势，可能会出现通过降低成本带来工程质量的不达标，损失政府部门和社会公众利益问题。所以要减少私人部门的机会主义行为，关键是要建立起政府部门对私人部门项目建设的有效监管机制，提高私人部门的违约成本。对严重违反有关财会法规的相关主体，除了依法依规处理处罚之外，将其列入财政违法违规失信当事人名单，情节严重者，吊销有关从业资质，提高私人部门的合约遵从度。

第三，发挥社会公众的舆论监督作用。作为初始委托人的社会公众是纳税人，是财政资金真正意义上的主人，财政资金的利用效果如何直接关系到纳税人的切身利益，所以社会公众有权利且有意愿参与到财政资金的监督中。但目前政府部门公布的信息中很多信息并不是"通俗易懂"的，往往是隐藏在专业数据中，这对于缺乏一定专业知识的公众而言有心却无力。对此，一方面是政府部门的信息公布要尽可能浅显易懂，普及大众；另一方面也可通过微信公众号、微博、手机报、移动电视、宣传手册等诸多途径对公众进行财政有关理论知识普及教育，公众首先要对财政理论有所认知，具备一定的专业理论素养，然后才能对财政资金使用过程进行有效监督。为了确保公众的参

第8章 提高地方政府投资绩效的政策建议

与度以及参与的可持续性,还要形成制度安排,将公众参与度与政府官员考核机制结合起来,提高政府部门发挥社会公众监督的积极性。同时,为了发挥公众的舆论监督威慑和示警作用,对于财政监督中发现的违法违纪典型案例,可通过官方网站、微信、微博等网络平台以及单位布告栏等多种媒介及时向社会公布,确保社会公众的知情权。

(4) 加强财政资金监督的信息化建设。

无论是中央政府和地方政府投资之间,还是政府投资的其他相关利益主体之间都存在信息不对称问题。如何减低信息传递成本是委托人对代理人的行为约束合同中不得不考虑的重要问题。对于财政资金的监督主体而言,降低信息成本,减少因为信息不对称出现的机会主义行为是目前监督工作需要重视的问题,即如何从大量的检查信息中辨别出哪些是对监督有用的信息,哪些是对监督形成干扰的信息,从而提高财政资金使用的监督效率。而减低信息传递成本的出路显然在于监督的信息化建设。

如今,信息化已经渗透到我们经济社会生活的各个领域,如微信、支付宝、滴滴打车、美团外卖等,信息革命极大地改变了我们的生活。在如此背景下,财政资金的审计和监督,无论是全过程监督,还是各监督主体之间的相互协调,抑或是对违规违法行为的责任追究,都需要加强监督的信息化建设。第一,加快推进财政资金监督向"互联网+""大数据监督"方向发展,通过"大数据"追踪逐步实现财政资金使用过程全程有痕、责任可追,降低信息传递成本。第二,建立嵌入监督主体业务流程的信息化系统,开展电子化网上监督,实现业务按代码分类,业务工作流程化和统一化,业务数据全面实现数据库化管理,同时加强信息化财政资金监督的软硬件建设,及时引入先进信息系统和做好人才储备工作。第三,加强监督信息上的交流,整合监督资源,通过建立财政资金使用监督信息共享平台、案例资料数据库等实现监督信息的有效共享,通过信息的共享,进行信息资源集中调配,降低信息传递成本,合理配置监督资源。

参 考 文 献

[1] [美] A. B. 阿金特森, J. E. 斯蒂格里茨. 公共经济学 [M]. 上海人民出版社, 1994.

[2] [美] 保罗·萨缪尔森, 威廉·诺德豪斯. 经济学: 第十六版 [M]. 华夏出版社, 1999.

[3] [美] 鲍德威, 威迪逊. 公共部门经济学（第二版）[M]. 中国人民大学出版社, 2002.

[4] [美] 华莱士·E. 奥茨. 财政联邦主义 [M]. 译林出版社, 2012.

[5] [美] 理查德·A. 马斯格雷夫, 佩吉·B. 马斯格雷夫. 财政理论与实践 [M]. 中国财政经济出版社, 2003.

[6] Afonso A, Aubyn M. Macroeconomic Rates of Return of Public and Private Investment: Crowding-in and Crowding-out Effects [J]. Working Papers of the Manchester School, 2009, 77 (1): 21 – 39.

[7] Alber t Breton, competitive governments: an economic theory of politics and public finance [M]. London: Cambridge University Press, 1996.

[8] Aschauer, David Alan. Public Investment and Private Sector Growth. Washington, D. C: Economic Policy Institute, 1990.

[9] Barrow R. J. Economic Growth in a Cross Section of Countries, Quarterly Journal of Economics, 1991 (2): 407 – 443.

[10] Bernardin H J, Beatty R W. Performance appraisal: assessing

human behavior at work [J]. Kent Human Resource Management, 1984.

[11] Blanchard, O. and A. Shleifer. Federalism with and without Political Centralization: China versus Russia [J]. IMF Staff Papers, 2001 (10): 171-179.

[12] Brumback G B. Some Ideas, Issues and Predictions about Performance Management [J]. Public Personnel Management, 1988, 17 (4): 387-402.

[13] C. M. Tiebout, The Pure Theory of Public Expenditure, The Journal of Political Economy, 1956, 64: 416-424.

[14] Coase R. H. The Problem of Social Cost [J]. Journal of Law and Economics, 1960 (3): 1-44.

[15] Cooper W. W., Seiford L. M., Tone K. Data Envelopment Analysis: A Comprehensive Text with Models, Applications, References and DEA-Solver Software [M]. 2nd ed. New York: Springer Science & Business Media, 2007.

[16] Dreger C., Reimers H. E. Does public investment stimulate private investment? Evidence for the euro area, Economic Modelling, 2016 (58): 154-158.

[17] G J. Stigler, The Tenable Range of Functions of local government, Washington, Joint Economic Committee: 16-213.

[18] Khalifa Ghali. Public investment and private capital formation in a vector error-correction model of growth [J]. Applied Economics, 1998, 30 (6): 837-844.

[19] Kim T. Local Autonomy and Welfare Expenditure of Local Government [J]. Korean Public Administration Review, 2001, 35 (1): 69-89.

[20] Koichi Futagami, Yuichi Morita and Akihisa Shibata. Dynamic Analysis of an Endogenous Growth Model with Public Capital [J]. The

Scandinavian Journal of Economics, 1993, 95 (4): 607 – 625.

[21] Li Hongbin, Li-An Zhou. Political Turnover and Economic Performance: Incentive Role of Personnel Control in China [J]. Journal of Public Economics, 2005, 89 (9): 1743 – 1762.

[22] Martinez-Vazquez J, Mcnab R M. Fiscal Decentralization and Economic Growth [J]. World Development, 2001, 31 (9): 1597 – 1616.

[23] Mastromarco C., Woitek U. Public Infrastructure Investment and Efficiency in Italian Regions, Journal of Productivity Analysis, 2006 (25): 57 – 65.

[24] McGuire M. Private good clubs and public good clubs: economic models of group formation. The Swedish Journal of economics, 1972: 84 – 99.

[25] Musgrave. R. A. Public finance in theory and practice: a study in public economy. New York: McGraw-Hill, 1959.

[26] Nazmi, Nader and Ramirez, Miguel D. Public and Private Investment and Economic Growth in Mexico [J]. Contemporary Economic Policy, 1997, 15 (1): 65 – 75.

[27] Oates. Wallace E. The Economics of Fiscal Federalism and Local Finance [Z]. Edward Elgar Publishing Limited, 1998: 1120 – 1149.

[28] Paloma López-Garcíad and Sergio Puente. Business demography in Spain determinants of firm survival. Banco de España Working Paper, 2006.

[29] Pereira A M, Andraz J M. On the Economic and Fiscal Effects of Investments in Road Infrastructures in Portugal, College of William and Mary, Working Paper NO. 33, 2010.

[30] Pereira A. M., Andraz J. M. Public Investment in Transportation Infrastructure and Economic Performance in Portugal, Review of Development Economics, 2005, 9 (2): 177 – 196.

[31] Pereira A. M., Is All Public Capital Created Equal?, The Review of Economics and Statistics, 2000 (3): 513 – 518.

[32] Qian, Yingyi and Barry R. Weingast. Federalism as a Commitment to Preserving Market Incentives. Journal of Economic Perspectives, 1997, 11 (4): 83 – 92.

[33] Robert J. Barro. Government Spending in a Simple Model of Endogeneous Growth [J]. Journal of Political Economy, 1990, 98 (5): 103 – 125.

[34] Schurmann F. Economic Policy and Political Power in Communist China [J]. Annals of the American Academy of Political & Social Science, 1963, 349 (1): 49 – 69.

[35] Stansel D. Local Government Investment and Long-Run Economic Growth, Forthcoming in Journal of Social, Political, and Economic Studies (Winter 2008).

[36] Stigler. G. Tenable range of functions of local government. Washington. D. C. Joint Economic Committee subcommitttee on fiscal policy, 1957: 213 – 219.

[37] Tanzi. V. on fiscal federalism: Issues to worry about. Working paper, 2000.

[38] Tresch. R. W. Public finance. Business Publication, Inc, 1981: 574 – 576.

[39] Wallace Oates, Fiscal Federalism, NY: Harcourt Brace Jovanovich, 1972.

[40] William Easterly, Sergio Rebelo. Fiscal policy and economic growthAn empirical investigation [J]. Journal of Monetary Economics, 1993, 32 (3): 417 – 458.

[41] 白重恩, 张琼. 中国的资本回报率及其影响因素分析 [J]. 世界经济, 2014 (10): 3 – 30.

［42］鲍睿宁．推进财政评审工作转型的路径探讨［J］．中国财政，2015（16）：48-49．

［43］财政部 PPP 中心．"中国 PPP 大数据"之全国 PPP 综合信息平台项目管理库 2017 年报．中国经济周刊，2018（5）．

［44］曹春方，马连福，沈小秀．财政压力、晋升压力、官员任期与地方国企过度投资［J］．经济学季刊，2014（4）：1415-1436．

［45］曹尔阶，李敏新，王国强．新中国投资史纲［M］．中国财政经济出版社，1992．

［46］曾福生，郭珍，高鸣．中国农业基础设施投资效率及其收敛性分析——基于资源约束视角下的实证研究［J］．管理世界，2014（8）：173-174．

［47］陈国进，尹鲁晋．地方政府投资如何影响上市公司融资成本［J］．金融研究，2016（8）：127-142．

［48］陈申申．中国投资体制的演变及其对开放政策的影响［J］．世界经济文汇，1987（6）：37-39．

［49］陈硕．央地关系：财政分权度量及作用机制再评估［J］．管理世界，2012（6）：43-59．

［50］陈艳艳，罗党论．地方官员更替与企业投资［J］．经济研究，2012（2）：18-30．

［51］成刚．数据包络分析方法与 MaxDEA 软件［M］．知识产权出版社，2014．

［52］楚尔鸣，鲁旭．基于 SVAR 模型的政府投资挤出效应研究［J］．宏观经济研究，2008（8）：41-47．

［53］丛树海．论公共支出绩效评价［J］．财政监督，2007（17）：33-36．

［54］戴园晨．投资乘数失灵带来的困惑与思索［J］．经济研究，1999（8）：35-39．

［55］樊潇彦，袁志刚．我国宏观投资效率的定义与衡量：一个

文献综述 [J]．南开经济研究，2006（1）：44－59．

[56] 付文林，沈坤荣．均等化转移支付与地方财政支出结构 [J]．经济研究，2012（5）：45－57．

[57] 郭庆旺，贾俊雪．地方政府行为、投资冲动与宏观经济稳定 [J]．管理世界，2006（5）：19－25．

[58] 郭庆旺，贾俊雪．政府公共资本投资的长期经济增长效应 [J]．经济研究，2006（7）：29－40．

[59] 郭庆旺，赵旭杰．地方政府投资竞争与经济周期波动 [J]．世界经济，2012（5）：3－21．

[60] 郭庆旺，赵志耘．论我国财政赤字的拉动效应 [J]．财贸经济，1999（6）：31－35．

[61] 郭熙保，罗知．中国省际资本边际报酬估算 [J]．统计研究，2010（6）：71－77．

[62] 贺玉明，李浩．财政投资评审研究 [J]．山西财税，2002（1）：6－8．

[63] 胡鞍钢，周绍杰．重塑中国经济地理：从1.0版到4.0版 [J]．经济地理，2015（12）：1－10．

[64] 扈文秀，孔婷婷．政府投资对民间投资的影响效应——基于中国经济的实证研究 [J]．国际金融研究，2014（11）：87－96．

[65] 花小安．地方政府投资行为、地区性行政垄断与经济增长 [D]．山东大学，2010．

[66] 黄小维，张桂娟，张翼．地方政府投资行为的失范、原因及其纠正 [J]．南方经济，2005（11）：38－40．

[67] 江孝感，王伟．中央与地方政府事权关系的委托——代理模型分析 [J]．数量经济技术经济研究，2004（4）：77－84．

[68] 姜伟新，李德．对贯彻执行拨改贷"暂行规定"的说明 [J]．计划工作动态，1985（9）：16－19．

[69] 金宇超，靳庆鲁，宣扬．''不作为''或''急于表现''：企

业投资中的政治动机［J］. 经济研究，2016（10）：126－139.

［70］孔令池，高波，黄妍妮. 中国省区市场开放、地方政府投资与制造业结构差异［J］. 财经研究，2017（7）：133－144.

［71］孔蕊. 加强预算管理过程中的财政监督［J］. 财政监督，2016（8）：37－41.

［72］孔祥银，王琰. 财政资金审计监督全覆盖优化研究［J］. 财会通讯，2018（7）：95－98.

［73］李猛，沈坤荣. 地方政府行为对中国经济波动的影响［J］. 经济研究，2010（12）：35－47.

［74］林毅夫，姚洋. 中国奇迹：回顾与展望［M］. 北京大学出版社，2009.

［75］林毅夫. 新结构经济学：反思经济发展与政策的理论框架［M］. 北京大学出版社，2014.

［76］刘春霞. 地方政府城市基础设施投资效率研究［D］. 湖南大学，2013.

［77］刘洪愧，谢谦. 新兴经济体参与全球价值链的生产率效应［J］. 财经研究，2017（8）：18－31.

［78］刘礼欣，曹尔阶. 固定资产投资需要统一管理和协调［J］. 经济研究，1984（6）：35－41.

［79］刘青松，肖星. 败也业绩，成也业绩——国企高管变更的实证研究［J］. 管理世界，2015（3）：151－163.

［80］刘生龙，鄢一龙. 公共投资对私人投资的影响：挤出还是引致［J］. 学术研究，2015（11）：64－73.

［81］刘云龙. 民主机制与民主财政——政府间财政分工及分工方式［M］. 中国城市出版社，2001.

［82］陆铭. 大国大城［M］. 上海人民出版社，2016.

［83］陆庆平. 公共财政支出的绩效管理［J］. 财政研究，2003（4）：18－20.

[84] 罗伯特·卢卡斯. 为什么资本不从富国流向穷国 [M]. 中国人民大学出版社, 2016.

[85] 罗伟卿. 财政分权理论新思想: 分权体制与地方公共服务 [J]. 财政研究, 2010 (3): 11-15.

[86] 吕冰洋, 毛捷. 金融抑制和政府投资依赖的形成 [J]. 世界经济, 2013 (7): 48-67.

[87] 马国贤. 政府绩效管理原理研究 [J]. 税收经济研究, 2005 (2): 1-5.

[88] 平新乔. 财政原理与比较财政制度 [M]. 上海人民出版社, 1996.

[89] 钱华锋. 政府投资效率的区域性差异研究 [D]. 西北师范大学, 2015.

[90] 乔宝云, 范剑勇, 冯兴元. 中国的财政分权与小学义务教育 [J]. 中国社会科学, 2005 (6): 37-46.

[91] 秦岭. 中国经济增长中的资本效率研究 [D]. 华中科技大学, 2010.

[92] 申亮. 财政分权、辖区竞争与地方政府投资行为 [J]. 财经论丛, 2011 (4): 28-34.

[93] 孙克竞. 政府部门预算支出绩效管理研究 [M]. 东北财经大学出版社, 2012.

[94] 孙秋鹏. 我国投资调控政策执行力问题研究——中央政府和地方政府利益博弈及地方政府间竞争视角 [J]. 河北师范大学学报 (哲学社会科学版), 2011 (5): 53-58.

[95] 孙群力. 公共投资、政府消费与经济增长的协整分析 [J]. 中南财经政法大学学报, 2005 (3): 76-81.

[96] 唐钧. 提升政府绩效: 行政改革的新取向 [J]. 领导之友, 2004 (1): 32-33.

[97] 陶然, 袁飞, 曹广忠. 区域竞争、土地出让与地方财政效

应：基于1999—2003年中国地级市面板数据的分析[J]. 世界经济, 2007 (10): 15-27.

[98] 王桂新, 潘泽瀚. 中国人口迁移分布的顽健性与胡焕庸线[J]. 中国人口科学, 2016 (2): 2-13.

[99] 王婧. 我国政府投资效率的地区差异研究[J]. 投资研究, 2016 (10): 83-96.

[100] 王立国, 张洪伟. 财政分权、转移支付与地方政府经济性投资效率[J]. 当代财经, 2013 (6): 27-33.

[101] 王立国, 鞠蕾. 地方政府干预、企业过度投资与产能过剩: 26个行业样本[J]. 改革, 2012 (12): 52-62.

[102] 王丽丽, 江孝感. 中央与地方政府基础设施投资的博弈分析[J]. 东南大学学报 (哲学社会科学版), 2005 (1): 97-98.

[103] 王贤彬, 张莉, 徐现祥. 地方政府土地出让、基础设施投资与地方经济增长[J]. 中国工业经济, 2014 (7): 31-43.

[104] 王贤彬, 黄亮熊, 董一军. 反腐败的投资效应——基于地区与企业双重维度的实证分析[J]. 金融研究, 2017 (9): 67-82.

[105] 王贤彬, 徐现祥, 周靖祥. 晋升激励与投资周期——来自中国省级官员的证据[J]. 中国工业经济, 2010 (12): 16-26.

[106] 王贤彬, 徐现祥. 官员交流驱动外商投资[J]. 中国经济问题, 2017 (3): 88-100.

[107] 王玉燕, 林汉川, 吕臣. 全球价值链嵌入的技术进步效应——来自中国工业面板数据的经验研究[J]. 中国工业经济, 2014 (9): 65-77.

[108] 吴延兵. 中国式分权下的偏向性投资[J]. 经济研究, 2017 (6): 137-152.

[109] 吴粤, 王涛, 竹志奇. 政府投资效率与债务风险关系探究[J]. 财政研究, 2017 (8): 29-42.

[110] 徐彩霞. 财政分权下的地方政府投资行为分析[J]. 市

场研究，2018（5）：58-59.

[111] 徐曙娜. 公共支出过程中的委托代理关系 [J]. 财经问题研究，2005（1）：11-15.

[112] 徐曙娜. 公共支出过程中的信息不对称与制度约束 [M]. 中国财政经济出版社，2005.

[113] 徐业坤，李维安. 腐败：私有投资的润滑剂还是绊脚石 [J]. 经济社会体制比较，2016（2）：75-88.

[114] 徐业坤，李维安. 政绩推动、政治关联与民营企业投资扩张 [J]. 经济理论与经济管理，2016（5）：5-22.

[115] 徐业坤，钱先航，李维安. 政治不确定性、政治关联与民营企业投资——来自市委书记更替的证据 [J]. 管理世界，2013（5）：113-130.

[116] 许彬. 公共经济学导论：以公共产品为中心的一种研究 [M]. 黑龙江人民出版社，2003.

[117] 颜青. 财政分权、地方政府投资与城镇居民消费增长——基于东部地区的经验研究 [J]. 学术论坛，2013（2）：116-124.

[118] 杨瑞龙，王元，聂辉华."准官员"的晋升机制：来自中国央企的证据 [J]. 管理世界，2013（3）：23-33.

[119] 殷强. 中国公共投资效率研究 [M]. 经济科学出版社，2008.

[120] 尹恒，朱虹. 县级财政生产性支出偏向研究 [J]. 中国社会科学，2011（1）：88-101.

[121] 尹小剑. 中国省级政府投资的效率评价 [J]. 经济学动态，2012（1）：58-63.

[122] 于谨凯，孙毅. 中国地区投资效率差异的收敛性分析 [J]. 西安财经学院学报，2011（9）：49-54.

[123] 余泳泽. 改革开放以来中国经济增长动力转换的时空特征 [J]. 数量经济技术经济研究，2015（2）：19-34.

[124] 余壮雄,杨扬. 市场向西、政治向东——中国国内资本流动方向的测算 [J]. 管理世界,2014 (6): 53-64.

[125] 苑德宇,宋小宁. 转移支付与地方政府投资决策 [J]. 财贸经济,2015 (3): 43-54.

[126] 苑德宇. 地方政府投资的决定因素研究: 基于税收预决算偏离的视角 [J]. 世界经济,2014 (8): 173-192.

[127] 张光南,陈广汉. 基础设施投入的决定因素研究: 基于多国面板数据的分析 [J]. 世界经济,2009 (3): 34-44.

[128] 张汉亚. 中国固定资产投资体制改革30年 [J]. 宏观经济研究,2008 (10): 11-17.

[129] 张洪辉,王宗军. 政府干预、政府目标与国有企业上市公司的过度投资 [J]. 南开管理评论,2010 (3): 101-108.

[130] 张军,高远. 官员任期、异地交流与经济增长——来自省级经验的证据 [J]. 经济研究,2007 (11): 91-103.

[131] 张军. 中国经济发展: 为增长而竞争 [J]. 世界经济文汇,2005 (4): 101-105.

[132] 张雷宝. 地方政府公共投资效率研究 [M]. 中国财政经济出版社,2005.

[133] 张牧扬. 晋升锦标赛下的地方官员与财政支出结构 [J]. 世界经济文汇,2013 (1): 86-103.

[134] 张维迎. 博弈论与信息经济学 [M]. 上海人民出版社,2004.

[135] 张卫国,任燕燕,花小安. 地方政府投资行为、地区性行政垄断与经济增长——基于转型期中国省级面板数据的分析 [J]. 经济研究,2011 (8): 26-37.

[136] 张卫国,任燕燕,侯永建. 地方政府投资行为对经济长期增长的影响 [J]. 中国工业经济,2010 (8): 23-33.

[137] 张五常. 中国的经济制度 [M]. 中信出版集团,2017.

[138] 张秀利, 祝志勇. 城镇化对政府投资与民间投资的差异化影响 [J]. 中国人口、资源与环境, 2014 (2): 54-59.

[139] 张延, 赵艳朋. 财政分权、晋升激励与基础设施投资——基于中国省级面板数据的空间计量分析 [J]. 经济问题探索, 2017 (12): 1-9.

[140] 张晏, 龚六堂. 分税制改革、财政分权与中国经济增长 [J]. 经济学季刊, 2005 (1): 75-108.

[141] 张勇, 古明明. 公共投资能否带动私人投资: 对中国公共投资政策的再评价 [J]. 世界经济, 2011 (2): 119-134.

[142] 郑磊. 财政分权、政府竞争与公共支出结构——政府教育支出比重的影响因素分析 [J]. 经济科学, 2008 (1): 28-40.

[143] 郑永年. 中国的"行为联邦制": 中央·地方关系的变革与动力 [M]. 东方出版社, 2013.

[144] 郑志刚, 李东旭, 许荣, 林仁韬, 赵锡军. 国企高管的政治晋升与形象工程——基于 N 省 A 公司的案例研究 [J]. 管理世界, 2012 (10): 146-156.

[145] 钟成勋. 再论投资概念 [J]. 财政研究, 1989 (12): 32-37.

[146] 钟晓敏, 张雷宝. 地方政府投资的资产效应分析 [J]. 财经论丛 (浙江财经学院学报), 2004 (1): 34-41.

[147] 周光亮. 财政分权、地方政府投资和产业结构调整——来自中国的经验 [J]. 经济问题, 2012 (1): 24-26.

[148] 周黎安. 晋升博弈中政府官员的激励与合作——兼论我国地方保护主义和重复建设问题长期存在的原因 [J]. 经济研究, 2004 (6): 33-40.

[149] 周黎安. 中国地方官员的晋升锦标赛模式研究 [J]. 经济研究, 2007 (7): 36-50.

[150] 周业安, 章泉. 市场化、财政分权和中国经济增长 [J].

中国人民大学学报，2008（1）：34-42.

［151］朱柏铭．公共经济学理论与应用（第三版）［M］．高等教育出版社，2013.

［152］朱志刚．财政支出绩效评价研究［M］．中国财政经济出版社，2003.

［153］卓越．公共部门绩效评估初探［M］．中国人民大学出版社，2004.

后 记

本书是在我主持的国家社会科学基金项目（12BJY132）研究报告的基础上修改而成的。能够成书，得益于来自各方面的支持，在此表示感谢。

首先要感谢课题的研究团队。研究报告的顺利完成，得益于课题组成员的不懈努力，尤其是河南财经政法大学财政税务学院的冯辉博士、陈海宇博士、钟军委博士、薛桂芝博士，为课题的顺利完成付出了辛勤汗水。在课题的研究过程中，团队进行了无数次的研讨，大到研究结构，小到概念界定，都是大家在研讨中碰撞观点、贡献智慧最终达成的共识。研讨的过程既是思想碰撞的过程，也是相互学习的过程，在本项目整个研究过程中，多次的研讨让我本人受益匪浅。

其次要感谢项目评审专家。感谢国家社科基金项目评审专家认真的评阅和提出的宝贵意见。评审专家肯定了课题研究中的成绩，给出了良好的结项意见，同时也在课题研究观点、研究角度甚至是研究结构上提出了针对性很强的意见和建议，对我之后在对研究报告的修改完善中提供了巨大的帮助。

再次要感谢我的家人。是家人默默的支持才有了研究的顺利进行，尤其是在课题研究阶段，我的二女儿殷依萱出生了，我爱人张小明及大女儿殷依凡承担了照顾孩子的重任，使我能够有时间进行研究。

还要感谢河南财经政法大学在课题研究中提供的资源帮助，感谢财政税务学院的同事们提供的智慧。本书的出版还得到了河南财经政法大学承担的教育部本科教学工程"财政学专业综合改革试点"项目（ZG340）的支持。

最后对为此书出版提供支持的所有老师，一并表示感谢。

殷　强

2019 年 5 月于郑州